LE FEU A PARIS

ET

EN AMÉRIQUE

PAR

Le Colonel PARIS

Commandant le régiment des Sapeurs-Pompiers de Paris.

AVEC QUATRE CARTES

Représentant les plans de défense de Paris contre les incendies.

PARIS

LIBRAIRIE GERMER BAILLIÈRE ET Cie

108, BOULEVARD SAINT-GERMAIN, 108

Au coin de la rue Hautefeuille.

1881

LE FEU A PARIS

ET

EN AMÉRIQUE

LE FEU A PARIS

ET

EN AMÉRIQUE

PAR

Le Colonel PARIS

Commandant le régiment des Sapeurs-Pompiers de Paris.

AVEC QUATRE CARTES

Représentant les plans de défense de Paris contre les incendies.

PARIS

LIBRAIRIE GERMER BAILLIÈRE ET Cⁱᵉ

108, BOULEVARD SAINT-GERMAIN, 108

Au coin de la rue Hautefeuille.

1881

PRÉFACE

Je dédie ce livre à la Ville de Paris.

De tous temps, même aux plus troublés de son histoire, elle a entouré le régiment, qui depuis soixante-dix ans partage sa bonne et sa mauvaise fortune, d'une affection singulière, vraiment fraternelle , et pour laquelle elle n'a point à craindre de ne pas être payée de retour. Je désire que cette étude, inspirée par le souci de sa sécurité, par l'ardent désir de la voir primer les autres capitales dans son service d'incendie, comme elle les prime déjà à tant d'autres égards, lui soit un nouveau témoignage de cette réciprocité sincère et dévouée.

Au lendemain d'une époque qui léguait au pays tant et de si importantes réformes à faire, il cût été surprenant que le service d'incendie de la Ville de Paris échappât à l'examen et à la critique. Il n'y a point échappé, et n'a eu qu'à s'en féliciter. D'une part, en effet, il est de ceux qui n'ont rien à cacher, ni à leurs amis ni à leurs ennemis ; de l'autre, sans l'examen qui éclaire et conseille, sans la critique qui stimule et redresse, les meilleures institutions s'immobilisent et s'atrophient. Mais, pour qu'examen et critique portent des fruits salutaires, il faut qu'ils soient précédés d'une étude consciencieuse, accompagnés d'une connaissance approfondie du service auquel ils se rapportent, et guidés par le seul et patriotrique intérêt de la grande ville.

La première partie de cet ouvrage est consacrée à la description des services d'incendie Nord-Américains, qui n'étaient jusqu'à ce jour connus en Europe que par quelques articles plus ou moins anecdotiques de journaux; la seconde, à celle du service d'incendie de Paris, à peine moins ignoré, dans le détail de ses travaux et de son mode d'action, que ceux des Etats Unis. Dans une troisième partie, nous reproduisons quelques-unes des critiques dirigées contre nous, en les faisant suivre des documents et chiffres *officiels* qui y ont été méconnus. Ceux de nos lecteurs auxquels ces critiques étaient déjà connues et qui, les tenant pour fondées, s'étonnaient sans doute, et à bon droit, qu'un corps qui les méritait ne fût point immédiatement et profondément modifié, comprendront vite, en constatant leur inanité, pourquoi le régiment de Sapeurs-pompiers de Paris, conscient du devoir accompli, fort du dévouement passé, résolu au dévouement à venir, demeure impassible et protégé, semble-t-il, contre les utopies et les appétits, par la fière devise de la Ville dont il porte les armes sur l'uniforme de l'infanterie française :

Fluctuat, nec mergitur!

COLONEL PARIS.

1er octobre 1880.

LE FEU

EN AMÉRIQUE ET A PARIS

AVANT-PROPOS

En 1872, la huitième Commission du Conseil municipal demanda par l'organe de son rapporteur, M. Maublanc : « que les Sapeurs-pompiers de la ville de Paris, recrutés dans l'armée ou dans le civil, soient choisis dans les métiers relatifs au bâtiment; que l'organisation soit militaire, comme l'était celle de la garde nationale ; que les chefs soient nommés par la municipalité ; en un mot, que le corps soit indépendant du Ministre de la guerre. »

Le Conseil municipal ayant exprimé le désir que cette question fût étudiée à fond, le Préfet de police constitua sous sa présidence, pour satisfaire à ce vœu,

une Commission composée de six conseillers munici-
paux, MM. Fremyn, Ohnet, Maublanc, Leclerc, Chevalier, A. Dehaynin, du colonel et d'un officier supérieur du régiment de Sapeurs-pompiers, et de deux
fonctionnaires de la préfecture de police.

Voici le dernier paragraphe du rapport de M. Ohnet,
qui fut accepté sans observation :

« Votre rapporteur ne se croit pas le droit d'affir-
mer des conclusions en vous demandant de les adopter, mais il ne peut se dispenser de vous dire qu'il
n'a pas saisi les raisons d'utilité publique qu'il pouvait y avoir à bouleverser un état de choses qui,
depuis cinquante ans, n'a amené ni un conflit ni
une discussion entre la ville de Paris et l'autorité
militaire, et n'a cessé de fonctionner à l'honneur
du corps des Sapeurs-pompiers, qui mérite à tous
égards la reconnaissance de la population parisienne. »

L'opinion de la Commission eût été d'ailleurs
décidée, si tant est qu'elle ne le fût pas déjà, par
la déposition de M. Chevalier, que nous reproduisons :

« M. Chevalier a été témoin de l'incendie de Montréal, qui a rejeté 20 000 habitants sans asile dans les
champs ; il a vu, dans cette circonstance, mettre en
activité toutes les ressources dont on dispose dans les

colonies anglaises pour combattre les incendies. Des dévouements héroïques, des actes de courage et même d'audace incroyables se sont produits, et cependant tout cela s'est trouvé stérilisé dans une certaine mesure, faute d'une direction méthodique et faute de discipline.

« A Chicago, tout récemment, un incendie a éclaté et a amené les mêmes désastres. M. Chevalier n'était pas, cette fois, sur les lieux ; mais, d'après les récits qui ont été faits, il a pu constater que là, comme à Montréal, les hommes, faute de discipline, s'étaient trouvés impuissants devant l'incendie, malgré les appareils formidables employés et malgré toute l'énergie et tout le dévouement dépensés par la population. De ceci il est amené à conclure, lui, adversaire déclaré du militarisme, que la discipline étant indispensable pour combattre les incendies, l'organisation actuelle, *quoique militaire*, doit être maintenue à Paris, avec d'autant plus de raison qu'elle a donné des résultats comparatifs plus satisfaisants. En effet, les hommes les plus compétents à l'étranger n'ont pas hésité à proclamer hautement la supériorité de l'organisation parisienne des secours contre l'incendie sur l'organisation des autres pays. On a vu, dans les précédentes séances, les déclarations si catégoriques faites par le capitaine Shaw, lors de l'enquête parle-

mentaire qui a eu lieu en Angleterre [1] ; M. Yung à son
tour, dans son *Compendium*, dont M. Chevalier lit un

1. Séance du 4 juillet 1867 :

D. *Sir Richard Grosvenor*. Êtes-vous d'avis que le système
adopté à Paris soit supérieur au nôtre ?

R. *Le capitaine Shaw*. Les pompiers de Paris n'ont pas de
télégraphe à leur disposition *.

D. Mais j'entends parler de l'ensemble de l'organisation du
service contre l'incendie ?

R. Je crois que l'organisation de Paris est, pour les besoins
de Paris, supérieure à la nôtre ; mais elle ne conviendrait nullement à nos besoins.

D. En quoi consiste cette supériorité que vous attribuez à
Paris ?

R. Les sommes énormes ** qu'on y dépense permettent
d'avoir un service préventif qui n'a jamais existé à Londres. Je
m'imagine que les habitants de Londres ne toléreraient pas ce
service. Considérée simplement au point de vue de l'incendie,
la prévention est très utile ; mais on ne la tolérerait pas dans ce
pays.

D. De quelle nature sont les mesures préventives en France?

R. Dans tous les établissements publics, en France, il est de
règle d'avoir une garde composée d'un certain nombre de
Sapeurs-pompiers qui s'opposent aux mesures dangereuses qui
pourraient survenir. Ils sont distribués sur tout Paris de manière à former une garde ou service de prévention ; c'est entièrement une question d'argent. Ce service coûte à Paris
2 500 000 francs ** ; *mais je suppose qu'il coûterait à Londres près
de 25 000 000 de francs.*

* On sait que le télégraphe, qui n'existait pas en 1872, relie aujourd'hui
tous les petits postes à leurs casernes, et celles-ci à l'État-Major. Les
théâtres ne sont pas encore compris dans le réseau : mais le projet est
étudié et une demande de crédit déposée.

** Erreur ou faute d'impression. Les dépenses de l'exercice 1867 se sont
élevées, pour le régiment de Sapeurs-pompiers de Paris, à 1 412 831 fr. 30
(1 112 993 fr. 39 pour le personnel, 113 624 fr. 12 pour le matériel, 172 875 fr. 77
pour location, entretien des casernes et des postes, etc.), sur lesquels l'Exposition figurait pour une dépense extraordinaire de 25 000 francs. Elles sont
moyennement aujourd'hui de 1 600 000 francs (en 1879, 1 604 027 fr. 20). A la
même époque (1867), les dépenses de la « Fire metropolitan Brigade » s'élevaient
à 62 000 livres sterling (1 550 000 francs) ; elles s'acheminent aujourd'hui sur
les 3 millions de francs.

extrait, constate la supériorité relative de notre système.

. . . .

« Dans cet état de choses.... il pense que l'on doit
se borner, quant à présent, à améliorer autant que
possible le matériel du régiment de Sapeurs-pompiers
et à distribuer plus efficacement, s'il y a lieu, les
centres de secours. »

Nous nous proposons, dans la présente étude, de
faire connaître à nos lecteurs l'organisation des Sapeurs-pompiers des grandes cités américaines, le
matériel, justement qualifié de formidable par M. Chevalier, qu'elles ont à leur disposition ; nous ferons
suivre cette exposition de quelques détails peu connus du grand public sur l'organisation des Sapeurs-
pompiers de Paris ; nous comparerons le matériel, le
prix de revient, les résultats obtenus ; nous en dédui-
rons les améliorations qui s'imposent pour faire dispa-
raître l'infériorité dans laquelle nous pouvons être sur
quelques points, tout en conservant la supériorité
que nous pouvons avoir sur d'autres ; et, cette comparaison faite, nous laisserons à nos lecteurs le soin de
conclure et de décider si non seulement les conclusions de MM. Ohnet et Chevalier, mais encore les
réflexions de nos agents diplomatiques et même des
officiers d'incendie étrangers, sont inspirées par un

sentiment aussi exact que désintéressé de la situation, ou si au contraire la sécurité de la grande ville et ses finances n'ont pas à gagner dans la substitution, au système actuellement en vigueur, d'un autre se rapprochant davantage des services étrangers.

Nous prévenons nos lecteurs que les détails qui suivent sont rigoureusement officiels et sont extraits des documents recueillis par nos agents diplomatiques à l'étranger, sur l'invitation qu'avait bien voulu leur en adresser M. le Ministre des affaires étrangères.

PREMIÈRE PARTIE

LES « FIRE-MEN » AMÉRICAINS

NEW-YORK [1]

Organisation. — Le département des secours contre l'incendie de la ville de New-York est placé sous la direction de trois administrateurs nommés par le maire et acceptés par le conseil municipal.

Ils sont élus pour six ans et peuvent être révoqués s'il y a plainte portée contre eux; cette plainte doit être préalablement examinée par le maire. Les détails

---

1. Le rapport sur le service d'incendie de New-York est l'œuvre d'un Français, M. Ernest Drevet, qui y est depuis longtemps domicilié et y commande une des compagnies de pompiers. M. Drevet, apprenant que notre consul général avait mission de nous renseigner sur le service d'incendie de New-York, n'a voulu laisser à personne le soin de faire, pour sa première patrie, ce travail considérable, qui ne laisse rien à désirer, et qu'il a accompagné de brochures, règlements, plans, gravures, échantillons, etc. Je ne crois pas avoir assez fait en m'empressant de lui adresser les remerciements les plus sincères de ses confrères de Paris, et je m'acquitte d'un devoir en signalant son nom à ses concitoyens d'origine.

de l'enquête sont soumis au gouverneur de l'État de New-York, qui a le pouvoir d'annuler la plainte ou d'approuver le renvoi.

L'administration est répartie en trois bureaux :

1ᵉʳ *bureau*. — Il est sous le commandement du chef du département ou colonel. Il a pour mission de prévenir et d'éteindre les incendies, de protéger les bâtiments et marchandises contre les dégâts qui pourraient être occasionnés par l'eau.

2ᵉ *bureau*. — Il est sous la direction d'un inspecteur des combustibles, qui est chargé de faire exécuter les règlements relatifs à l'emmagasinage ou à la vente des marchandises combustibles ou dangereuses.

3ᵉ *bureau*. — Il est sous la direction d'un officier nommé par les administrateurs, et chargé des enquêtes sur l'origine et la cause des incendies. Il doit chercher à découvrir les incendiaires et les traduire devant les tribunaux.

Personnel. — L'effectif de la force régulière du département des secours contre l'incendie se compose de 721 hommes, tant officiers que mécaniciens, pompiers et apprentis, savoir :

1 colonel, ou chef du département ;

1 lieutenant-colonel, ou sous-chef du département ;

10 majors, ou chefs de bataillon ;

58 capitaines, ou chefs d'une station de pompe ;

63 lieutenants, ou sous-chefs d'une station de pompe ;

43 sergents, ou premiers mécaniciens ;

63 caporaux, ou deuxièmes mécaniciens ;

482 pompiers et apprentis ;

Auxquels s'ajoutent les employés administratifs suivants :

1 secrétaire,

1 assistant,

2 chirurgiens (en 1er et en 2e),

1 teneur de livres,

3 chefs de bureau (en 1er, en 2e et en 3e),

6 employés,

1 concierge,

2 gardiens de nuit,

1 chauffeur.

Le recrutement est tout à fait volontaire : tout pompier peut quitter le service en avertissant cinq jours à l'avance. Mais il ne peut être renvoyé sans avoir commis une infraction aux règlements, infraction examinée par le Conseil d'administration.

Les conditions requises sont :

De n'avoir jamais été condamné ni pour crime ni pour délit ;

D'être citoyen des États-Unis et depuis un an au moins résidant dans l'État ;

De justifier de sa sobriété et de son honnêteté ;

De savoir lire et écrire lisiblement l'anglais ;

D'avoir moins de trente ans, une taille minimum de 1 m. 677, un poids et une circonférence thoracique rigoureusement en rapport, d'après un tableau arrêté, avec sa taille.

La force active est partagée en :

42 compagnies de pompe à vapeur ;

1 équipage de pompe flottante à vapeur ;

16 compagnies d'échelles.

2 compagnies de télégraphie, soldées par des sociétés particulières, concourent en outre à l'annonce des sinistres.

Sapeurs-mineurs. — Ce corps est composé de tous les lieutenants. Ils sont placés sous les ordres du lieutenant-colonel et partagés en trois sections, qui doivent, à un signal particulier, se rendre sur le théâtre d'un incendie.

Tous les jeudis, une de ces classes assiste à un cours d'instruction sur la manière d'employer la nitro-glycérine ou toute autre matière explosible pour faire sauter un bâtiment, couper une colonne, etc. Ils apprennent à fabriquer les cartouches et la manœuvre des batteries électriques destinées à les enflammer.

Le professeur reçoit de la ville un traitement de 12 500 francs.

Matériel. — *Pompes à vapeur.* — L'usage exclusif des pompes à vapeur nécessitant des engins très mobiles et susceptibles d'être rapidement mis sous pression, on a renoncé aux grosses pompes dites de 1re classe, que l'on avait adoptées en 1867, lors de l'organisation du service, et qui pesaient 4077 kilogrammes. On leur a substitué les pompes n° 2, également de la fabrique de Manchester (New-Hampshire) et pesant 2265 kilogrammes. Leur chaudière contient 227 litres d'eau ; il faut de cinq à six minutes pour obtenir 1,36 atmosphère de pression. Il est même question de remplacer successivement les pompes de cette classe par celles de la 3ᵉ, plus légères et plus faciles à manœuvrer, en en augmentant le nombre.

Il y a en outre quelques (cinq) pompes à vapeur automobiles ; mais on a dû renoncer à leur emploi, à cause de l'énorme consommation de charbon que nécessitait une pression constante de 5 1/2 à 6 atmosphères pour une mise en route immédiate, et parce qu'elles effrayaient les chevaux sur la voie publique.

L'emploi du télégraphe permettant de faire arriver une pompe sur le lieu d'un incendie deux minutes après le signal reçu, on a dû chercher le moyen de regagner les trois ou quatre minutes que l'on perdait après l'arrivée pour monter à la pression suffisante. On y est parvenu en installant, dans la cave au-dessous de la pompe, un réchauffeur dont l'eau communique avec celle de la chaudière au moyen de deux tubes en fer garnis d'un robinet à triple effet. L'eau de la chaudière étant en ébullition au moment du départ, il suffit de deux minutes de chauffe pour qu'elle arrive à la pression suffisante. La séparation de la chaudière et du réchauffeur se fait automatiquement par le même courant qui agit sur le timbre d'alarme.

Les tuyaux ont 0,06375 de diamètre; la longueur de chaque bout (demi-garniture) est de 15 m. 32. Ils sont de deux sortes :

1° *Malte cross* (croix de Malte). — Le tissu est formé de couches alternatives de toile et de caoutchouc. C'est le meilleur tuyau; son seul défaut est d'être lourd, 2 kil. 500 le mètre courant, soit 39 kil. 400 la demi-garniture. Ils supportent une pression de 27 atmosphères.

2° *Tuyaux en coton*, doublés d'une couche de caoutchouc. — Le poids du mètre courant est de 1 kil. 710, soit 26 kil. 270 par demi-garniture.

Chaque compagnie a 30 demi-garnitures (460 m.); quinze suivent la pompe au feu sur le dévidoir, les quinze autres sont pour rechange.

La lance, à orifice variable depuis 0,006 jusqu'à 0,025, peut même être complètement fermée. Les tuyaux et le récipient sont mis à l'abri de tout danger d'explosion, provoquée par cette intermittence ou cette variation du débit, au moyen d'un clapet ajusté sur le corps de pompe à une pression minimum de 5 1/2 atmosphères, et permettant la circulation dans le retour d'eau lorsque la lance est fermée. Elle doit toujours être dans cet état quand on pénètre près du foyer, afin d'éviter les dégâts par l'eau lorsque l'on peut s'en passer pour éteindre le feu. L'excès de pression qui existe alors repousse un plongeur contre un ressort qui permet au clapet de s'ouvrir, et l'eau, au lieu de presser sur la colonne, circule dans le corps de pompe. S'il faut recourir à l'eau, on peut donner au jet une grosseur en rapport avec l'intensité du feu.

Lorsque le mécanicien s'aperçoit que le manomètre monte au-dessus de 5 1/2 atmosphères, il en conclut que la lance est fermée et ralentit la marche. Si au contraire la pression descend, c'est que la lance est ouverte, et il active.

D'autres lances de divers modèles sont spécialement destinées aux feux de cales de navire et de caves. La plus remarquable est une lance terminée par quatre orifices perpendiculaires à l'axe, légèrement recourbés, et qui fonctionne comme une turbine sous la pression [1].

Le rapprochement des bouches d'incendie et le grand nombre de pompes à vapeur permettent de réunir en un seul jet énorme et très puissant, au moyen de raccords spéciaux et dans les grands incendies, l'eau de refoulement de deux pompes.

Extincteurs. — En 1868, l'extincteur portatif de Babcock a été mis en service et placé sur les dévidoirs et les voitures d'échelles. Les résultats satisfaisants obtenus ont amené l'adoption d'un modèle plus grand,

---

1. Cette lance remplace, mais très incomplètement, l'appareil à feux de cave, qui est spécial aux Sapeurs-pompiers de Paris comme usage courant.

renfermant 300 litres de liquide et traîné par des chevaux, à raison de deux récipients par voiture. Ces appareils sont réservés pour les parties hautes de la ville, où l'eau des conduites n'a pas de pression suffisante. Dans le bas de la ville, on ne se sert que des conduites.

Le modèle portatif a été adopté par plusieurs établissements publics ou particuliers. « Mais il ne faut pas exagérer son importance. Dès que l'incendie commence à prendre certaines proportions, ce serait folie que de chercher à le combattre ou même à le circonscrire avec ces appareils. De grands incendies, qui auraient été facilement éteints par le département s'ils avaient été signalés dès le début, ont été causés par la témérité des locataires qui cherchaient à les éteindre au lieu de les signaler. »

Echelles. — Les échelles à crochets des Sapeurs-pompiers de Paris ne sauraient être employées à New-York, à cause des volets en fer adaptés aux croisées de tous les étages dans le bas de la ville, où sont les grands magasins et entrepôts. D'un autre côté, l'énorme augmentation de valeur des terrains a pour conséquence la substitution aux anciennes maisons, au fur et à mesure que celles-ci disparaissent, de constructions à six et huit étages, qui nécessitent l'emploi d'échelles de dimensions exceptionnelles.

« Plusieurs fabricants ont entrepris la construction d'une échelle aérienne composée de plusieurs sections à coulisses, pouvant atteindre une élévation de 38 mètres; jusqu'à présent, ces échelles n'offrent pas assez de sécurité pour les classer dans le matériel de la ville, surtout après l'expérience faite avec l'échelle de Mme Uda, invention italienne patentée, vendue à la ville pour une somme de 125 000 francs (l'inventeur ne toucha que la moitié de la somme; le personnage qui la patronnait s'adjugea l'autre moitié).

« Cette spéculation causa la mort d'un major et de trois pompiers.

« Cependant des expériences avaient été faites pour s'assurer de sa solidité, au moyen d'une corde attachée au premier échelon, à 125 pieds d'élévation. Neuf hommes se suspendirent à cette corde, sans qu'il en résultât pour la section supérieure autre chose qu'une flexion insignifiante. L'échelle parut dès lors offrir assez de garantie pour permettre de monter une colonne à 30 mètres de hauteur. Un major, chargé de cet essai, était arrivé à cette hauteur, suivi de trois hommes échelonnés à distance égale et portant la colonne, lorsqu'un craquement se fit entendre. L'échelle tourna aussitôt sur elle-même, et en un instant les quatre hommes rebondissaient sur le pavé. Deux étaient tués sur le coup; les deux autres n'ont par survécu à leurs blessures. »

Le système d'échelles de M. Smith, de Bangor (Maine), a donné des résultats plus satisfaisants. Un modèle léger, pour les sauvetages, mesure 18 m. 40;

un autre, assez fort pour supporter deux hommes et deux colonnes, mesure 23 mètres. Elles peuvent être dressées en une minute par une équipe de cinq ou six hommes.

L'échelle de M. Hayes a été adoptée par le département des secours de San-Francisco (Californie); les expériences faites à Brooklyn et à New-York ont donné des résultats satisfaisants. Elle mesure 24 mètres 50; quatre hommes la dressent en une minute.

L'échelle de M. Skinner ressemble beaucoup à l'échelle Uda et, comme elle, a donné lieu à de nombreux accidents. A Joronto (Canada), deux pompiers ont été tués.

Le matériel d'une compagnie d'échelles est composé comme il suit :

1 échelle de 3 m. 60;

1 échelle de 4 m. 50;

1 échelle de 6 m.;

1 échelle de 7 m. 50;

1 échelle de 9 m.;

2 échelles de 10 m. 50;

1 échelle de 12 m.;

1 échelle de 12 m. 60, avec rallonge de 10 m. 50;

6 crochets de 1 m. 80;

6 crochets de 2 m. 40;

2 crochets de 4 m. 50;

2 crochets de 6 m.;

100 pieds de corde de sauvetage;

4 extincteurs portatifs à acide carbonique ;

2 lumières électriques, avec 2 réservoirs d'oxygène et d'hydrogène ;

2 pioches ;

4 haches ;

6 pelles ;

1 levier pour enfoncer les portes en fer ;

6 fourches ;

1 manche à deux prises ;

1 sac à air ;

1 lance à quatre jets tournants.

Les échelles de 10 m. 50 sont placées de chaque côté du berceau ; les échelles de 12 mètres et 12 m. 60 et l'allonge de 10 m. 50 sont placées séparément sur des rouleaux, afin que l'on puisse retirer plus facilement l'échelle dont on veut se servir.

Attelages. — Les pompes à vapeur, les extincteurs du grand modèle et les échelles sont amenés sur le lieu du sinistre par des chevaux, dont le département possède 221, d'un prix moyen de 1500 francs pièce, soit 331 500 francs.

Les stalles des chevaux sont placées au bout de la remise des voitures, qui y sont disposées sur une plaque tournante.

Les chevaux sont dressés à venir se placer eux-mêmes devant la voiture au signal du feu. Le licol auquel ils sont attachés dans leur stalle est fixé à cette dernière par un ressort qui communique, au moyen de tringles articulées et d'un échappement à contrepoids, avec le marteau du timbre télégraphique. Lorsque le marteau exécute la sonnerie d'alarme, le contrepoids tombe, le ressort s'ouvre, et le cheval vient immédiatement se placer. Un ingénieux système, dû à M. Sullivant, de San-Francisco, permet de tenir, au moyen de contrepoids, les harnais suspendus au-dessus des deux côtés de la flèche ou du brancard. L'attelage se fait en laissant tomber le harnais, bouclant la sous-ventrière, fermant le collier et attachant à la boucle du mors les rênes, déjà fixées au siège de la voiture. Pendant que l'attelage se fait, le cocher monte sur son siège, la porte est ouverte, et la pompe prête à partir quelques secondes après le signal.

Les chevaux sont promenés au pas une heure par jour (et remplacés bien entendu pendant cette promenade par des attelages de rechange). On conçoit très bien qu'une fois dressés ces intelligents animaux, entretenus dans un grand état de vigueur et de santé, reconnaissent et accueillent avec joie le signal qui leur promet une course à fond de train, et viennent se placer d'un bond à leur poste dès que ce signal retentit.

Bateau à vapeur. — Ce bateau renferme deux cabines, l'une pour les hommes, l'autre pour les officiers. Il est relié avec les fils électriques par un câble qui se détache automatiquement, lorsque le bateau répond à un appel. Des stations sur les bords de la rivière de l'Est et de celle du Nord lui sont assignées. Voici ses dimensions :

Longueur totale.......................	32 m.
— de quille.....................	30 »
Largeur du pont......................	6 » 70
Profondeur de cale....	2 » 90
Puissance de la machine...............	40 chevaux.
Nombre de cylindres à vapeur..........	4
Diamètre des pompes..................	0,125
Nombre de jets.......................	8

Avec un orifice de 0 m. 05 de diamètre, le jet porte à 85 m. 50.

SITUATION DU MATÉRIEL EN 1879.

	En service.	De réserve.	Total.
Bateau à vapeur.................	1	«	1
Pompes à vapeur traînées par des chevaux	38	14	52
Pompes à vapeur marchant à la vapeur...........................	4	1	5
Pompes à bras...................	»	4	4
Appareils à acide carbonique attelés...........................	9	1	10
Appareils à acide carbonique portatifs.........................	109	»	109
Voitures à 4 roues pour les tuyaux.	5	»	5
— 2 — —	37	7	44
— à bras —	10	7	17
Tonneaux à eau pour les appareils à acide carbonique...........	4	»	4
Voitures pour les tuyaux des appareils à acide carbonique.....	»	3	3
Fourgons à charbon	12	»	12
— d'échelles et crochets [1].	18	4	22
Echelles aériennes	»	4	4
Chevaux.......................	221	»	221

1. Voir, page 16, la composition d'une équipe d'échelles et crochets.

	En service.	Réserve.	Total.
Tuyaux (croix de Malte).........	15 335 m.	»	15 335 m.
— (eurêka)................	22 000 »	»	22 000 »
— en fil..................	2 135 »	»	2 135 »
— pour les appareils à acide carbonique.............	3 085 »	»	3 085 »

Télégraphe. — Le réseau télégraphique du département a 700 milles (1126 kil.). Le nombre des fils qui aboutissent au quartier général est de 60, reliant le cabinet du chef du département non seulement avec toutes les équipes de pompes, d'échelles, et le bateau à vapeur, mais encore avec toutes les boîtes d'alarme.

Ces boîtes, au nombre de 925, sont en fer et à double porte ; elles ont 0, 45 de hauteur, 0, 25 de largeur et 0, 15 de profondeur. La porte extérieure donne accès au crochet qu'il faut tirer pour envoyer l'alarme. En tirant ce crochet, on remonte le ressort intérieur ; lorsqu'on l'abandonne, le mécanisme se met en marche et transmet le numéro de la station au quartier général. La seconde porte fait communiquer avec un compartiment renfermant une clef de Morse dont les officiers du département seuls se servent pour demander soit du renfort, soit une ambulance. Ils sont donc seuls possesseurs d'une clef ouvrant ce compartiment, et c'est uniquement de la première porte que des clefs sont distribuées dans les magasins, pharmacies, restaurants ou toute autre maison importante recommandée par le capitaine de la compagnie dans le périmètre duquel la boîte est placée. Pour éviter autant

que possible les fausses alarmes et les mauvaises plai-
santeries dont les débuts de ce service ont été accompagnés, la serrure de la porte extérieure est construite
de telle façon qu'il est impossible de retirer la clef,
après ouverture, sans en ouvrir une seconde intérieure, dont les employés du département ont seuls la
clef. Toutes les clefs extérieures étant numérotées, on
peut donc toujours savoir dans quelle maison a été
prise celle qui a permis de faire fonctionner l'appareil;
et, en cas de fausse alarme, on a un point de départ
pour les recherches.

Les boîtes sont peintes en rouge, afin d'être vues de
loin; elles sont placées sur des perches de 15 à 16 mètres de hauteur, également peintes, pour être distin-
guées de celles qui servent aux compagnies privées
télégraphiques [1] et sur lesquelles passent les fils. « Ce
système est assurément peu recommandable; les fils
sont en hiver chargés de glace, en tout temps de
chiffons ou autres objets; et les perches plantées le
long des trottoirs gênent la circulation. »

Sur chaque boîte se trouve placée une consigne ou
avis pour son usage, et l'indication du dépôt le plus
proche d'une clef. Ces clefs doivent elles-mêmes être
en évidence dans la maison où elles sont déposées, et

1. On sait qu'en Amérique le télégraphe n'est point, comme
en France, un service d'État, mais est exploité par des compagnies particulières. On voit aussi comment, de l'aveu des Américains eux-mêmes, leur système de fils aériens est inférieur au
système de fils souterrains de Paris.

ajustées sur un carton qui reproduit la même consigne. La personne qui a donné l'alarme doit rester près de la boîte pour entendre le timbre qui indique que le signal est arrivé et que des secours vont partir; si ce timbre ne résonnait pas deux ou trois secondes après que le crochet a été tiré, elle devrait courir à la boîte la plus voisine et recommencer.

Le bureau télégraphique du quartier général, où convergent les fils de tout le département, a dû être et est installé de façon à satisfaire aux exigences de ce service. Il est monumental, et son établissement a coûté 55 000 francs. La galerie est montée sur une plate-forme de 1 mètre 10 de hauteur, de manière à pouvoir manœuvrer commodément. A l'est de cette plate-forme sont placés les fils, la sonnerie, l'électro-mètre et les imprimeurs de rechange ; au sud, le tableau des aiguilles, un galvanomètre et le rhéostat ; au nord, les imprimeurs, les sonneries, les clefs et leviers.

Télégraphie auxiliaire. — Indépendamment du télégraphe spécial au département des secours contre l'incendie, il existe un réseau particulier appartenant à une société dite « Automatic signal Telegraph », et qui a pour but de signaler à des bureaux spéciaux, et où se tiennent en permanence des hommes appartenant à l'une des deux compagnies soldées par cette société, toute tentative de vol ou tout commencement d'incendie chez ses abonnés. Ce signal automatique est donné par un contact que détermine, en cas d'effraction, toute tentative sur les portes ou volets, et en cas d'incendie un thermostat placé dans le circuit et donnant l'indication précise de l'étage et de la chambre dans laquelle le feu s'est déclaré. Les administrateurs du département des secours contre l'incendie ont autorisé cette société à mettre leurs fils en communication directe avec le quartier général.

Un tableau des stations est fourni à chaque compagnie du département; il donne le n° et la rue, l'étage, etc., ainsi que le n° des compagnies désignées pour répondre à ces signaux.

Eaux. — La capacité actuelle des réservoirs artificiels ou naturels de New-York est de 33 872 180 mètres cubes, savoir :

Bassins artificiels...................	25 187 969 m. c.
Lacs naturels	8 684 211 »

Le débit journalier moyen de la rivière Croton, qui fournit l'eau de la canalisation de New-York, est, d'après quatorze années consécutives d'observations, de 1 481 203 mètres cubes; la plus haute moyenne annuelle a été de 2 255 639 mètres cubes par jour, la plus basse de 1 154 135. La combinaison des eaux du Croton et des réservoirs assure à la ville un approvisionnement quotidien de 939 097 mètres cubes.

Quelque considérable que puisse paraître cet approvisionnement, qui, eu égard à la population, est quintuple de celui de Paris, il n'est pas jugé suffisant pour fournir aux besoins toujours croissants de New-York, et les commissaires des travaux publics ont soumis au maire, le 14 août 1879, un projet de dérivation des rivières Byram et Bronse. Ces rivières rempliraient de nouveaux réservoirs d'une capacité de 13 157 894 mètres cubes, et les travaux sont estimés à la somme de 160 millions de francs, que l'on a lieu de croire très insuffisante. Aussi a-t-on présenté un contre-projet tendant à réserver l'eau du Croton exclusivement pour les usages domestiques et à utiliser l'eau salée qui baigne la ville pour les incendies, le lavage des rues, etc. Une compagnie a déjà fait à la ville des propositions dans ce sens, et s'engage à lui fournir de l'eau en quantité illimitée et avec une pression telle que l'on obtiendrait quatre à cinq jets puissants à chaque bouche d'eau.

Ces dernières sont placées au coin des rues et devant le centre des faces de chaque îlot de maisons; elles forment colonne sur le trottoir et ont une hauteur uniforme de 0,92. L'ancien diamètre, de 0,063, est successivement remplacé, depuis les grands incendies qui ont démontré son insuffisance d'alimentation, par celui de 0,1265. Afin de parer à la gelée, en hiver, chaque mécanicien est muni d'une petite pompe aspirante et foulante en caoutchouc pour s'assurer qu'il ne reste plus d'eau dans le corps de la prise après que le robinet est fermé.

Casernement. — Les postes de secours contre l'incendie sont généralement des maisons à deux étages, de 5 m. 50 à 6 mètres de façade sur 24 mètres de profondeur, ayant une cave pour la provision de charbon, de bois, le réchauffeur, et l'établi des mécaniciens.

Le rez-de-chaussée contient la pompe, la voiture de tuyaux, des stalles pour trois chevaux, le séchoir et le bureau de l'homme de service. L'étage supérieur se compose d'une chambre pour dix hommes, d'une salle de récréation avec billard et bibliothèque, d'une salle de bains et lavabo, et de deux chambres pour les officiers.

Réglementation municipale préventive. — Tout propriétaire d'une fabrique, d'un hôtel ou d'une maison occupée par un grand nombre de familles ou personnes, telle que pensionnat, magasin, entrepôt, théâtre, salle de concert, église, salle de réunion, etc., doit se mettre en mesure de transmettre un appel au département et prendre les mesures de première défense contre le feu prescrites par les administrateurs. Ces derniers sont tenus de fournir, dans toutes les salles d'amusement où se trouvent des machines ou décors, deux pompiers de service, qui doivent rester à leur poste jusqu'à l'extinction de toutes les lumières, et sont chargés de la manœuvre des appareils installés dans la salle en exécution des prescriptions ci-dessus mentionnées. En cas d'incendie, ils ont sous leurs ordres, jusqu'à l'arrivée des secours, tout le personnel de l'établissement.

Toutes les lumières employées dans les théâtres, salles publiques, fabriques, écuries, etc., ainsi que dans les vitrines des magasins doivent être protégées par un globe de verre, sous peine d'une amende de 50 francs.

Il est expressément défendu de placer des chaises, tabourets ou autres sièges mobiles dans les passages des lieux de réunion; les portes de ces lieux doivent s'ouvrir *extérieurement*, et les passages en être assez larges pour permettre une évacuation très rapide.

Dans toutes les écoles publiques, les maîtres sont tenus de dresser les élèves à se mettre en rangs à un certain signal et à descendre les escaliers rapidement et sans confusion. Cet exercice a lieu une fois par semaine, en changeant chaque fois l'heure et la direction de la sortie, suivant que le feu est supposé avoir éclaté dans telle ou telle partie du bâtiment.

Différents essais permettent de fixer un maximum de quatre minutes pour faire descendre dans la rue, sans accident ni confusion, 1200 enfants, garçons ou filles, d'un bâtiment de quatre étages. La discipline et l'ordre qui résultent de ces exercices ont sauvé la vie à beaucoup d'enfants, qui autrefois, dans un moment de panique, devenaient impossibles à gouverner [1].

1. Aussitôt que nous avons eu connaissance de cette disposition, nous nous sommes empressé de la porter à celle de M. le

Les bâtiments au-dessus de trois étages qui sont employés comme fabriques, contenant un certain nombre d'ouvriers et d'ouvrières, doivent avoir une échelle de sauvetage en fer ajustée à tous les étages. Le toit doit être pourvu d'une porte avec large escalier d'accès, toujours absolument libre; elle se ferme à l'intérieur avec un simple verrou, afin de faciliter une fuite rapide par le toit du personnel, en cas d'incendie dans les étages inférieurs.

Surveillance. — Les capitaines doivent visiter aussi souvent qu'ils le jugent nécessaire toutes les maisons, magasins, fabriques, entrepôts, hôtels, théâtres, salles de concerts, et toutes autres places où des marchandises peuvent être déposées dans le rayon du quartier assigné à leur compagnie. Ils doivent se familiariser avec le genre de construction des maisons, ainsi qu'avec la nature des marchandises ou des matériaux qu'elles contiennent. Ils doivent s'assurer:

Que les voies d'entrée et de sortie ne sont pas encombrées;

Que l'emplacement des chaudières, calorifères et autres ustensiles de chauffage est suffisamment éloigné de toutes boiseries ou séparé d'elles par des matériaux incombustibles;

Que les becs de gaz ou toutes autres lumières des

Ministre de l'Instruction publique et de M. le Préfet de la Seine. Ce dernier nous a fait l'honneur de nous en remercier chaleureusement, et a prescrit son application immédiate dans les écoles du département.

vitrines, théâtres, écuries, etc., sont protégées par un globe en verre;

Que les débitants de pétrole, benzine et autres huiles inflammables sont munis d'un permis de l'administration, et que les quantités qui existent dans leur magasin ne dépassent pas celles qui sont fixées par ledit permis;

Que les hôtels, salles de concerts, fabriques, écoles publiques, etc., sont munis de tout ce qui est nécessaire pour éteindre un commencement d'incendie;

Que les clefs distribuées aux négociants, hôteliers, etc., pour ouvrir les boîtes télégraphiques, sont placées en évidence et pendues au crochet ajusté sur le carton sur lequel est collée l'instruction relative à l'usage de la boîte.

Police. — Les pompes sont munies d'une cloche placée au-dessus du cylindre, les voitures d'échelles d'un timbre. Toutes les voitures, à la seule exception de la malle-poste, doivent, dès qu'elles entendent le son de cette cloche ou de ce timbre, se ranger et faire place aux pompiers, qui ne marchent jamais qu'au grand galop. Les officiers de police doivent, au même signal, se porter rapidement sur la voie publique et procéder à l'arrestation immédiate des cochers qui ne se rangeraient pas assez rapidement.

Caisse de secours. — Toutes les amendes imposées au personnel pour délits et infractions aux règlements sont versées dans la Caisse de secours; il en est de même pour toutes les sommes reçues par le 2ᵉ bureau pour les permis nécessaires à la vente des huiles dangereuses, articles d'artifice, etc., et pour amendes des contraventions aux règlements pour prévenir les incendies.

Tout employé de la partie active du département qui, après dix années, devient incapable de faire son service, par suite d'infirmités contractées ou de blessures reçues dans le service, est admis, après visite et avis conforme du médecin du corps, à la retraite, et reçoit mensuellement, pendant toute sa vie, la moitié de sa solde d'activité.

Chaque employé subit par mois sur sa solde une retenue de 5 francs qui est versée à la Caisse des secours. En cas de mort, la veuve ou les orphelins du défunt reçoivent immédiatement la somme de 5000 francs, et de plus une rente viagère de 1500 francs, à moins que la veuve ne se remarie ou que les orphelins ne soient parvenus à l'âge de dix-huit ans.

Au 31 décembre 1878, l'actif de la Caisse de secours s'élevait à 1 856 534 francs.

Traitements. — *Force active :*

Premier administrateur	37 500 fr. [1]
Deuxième et troisième administrateur (chacun)	25 000 »
Colonel	23 500 »

1. Le dollar, dont la valeur oscille entre 5,25 et 5,35, a été compté à 5 francs.

2.

Lieutenant-colonel...................... 15 000 »
Chefs de bataillon..................... 12 500 »
Capitaines............................. 7 500 »
Lieutenants .... 6 500 »
Sergents 1ers mécaniciens.............. 6 500 »
Caporaux 2es mécaniciens............... 6 250 »
Pompiers. .... 6 000 »
Apprentis.............................. 4 000 »

Le traitement pour l'ensemble du personnel administratif s'élève à 130 000 francs par an.

Budget. — Les chiffres suivants sont ceux du budget de 1880 :

Quartier général...............	212 000	
Employés du télégraphe........	138 600	
— des ateliers de réparations	225 000	
Employés du bureau des combustibles......................	60 000	5 248 850
Employés du bureau du prévôt.	36 000	
Bureau du colonel	163 500	
— du surintendant des chevaux...	35 000	
Officiers inférieurs et troupe....	4 378 750	

Pour la construction de 3 nouveaux postes.......................... 150 000

Pour nouvelles machines, fournitures, loyers, chevaux et autres dépenses imprévues ; pour entretien du bateau à vapeur et réparations aux bâtiments occupés par le département. 875 000 } 1 025 000

Total (non compris le personnel administratif) 6 273 850

Statistique. — C'est en 1867 que le service d'incendie a commencé à recevoir l'organisation grandiose que nous venons d'exposer. La comparaison des sinistres antérieurs et postérieurs à 1867, en tenant compte de l'accroissement de la population, permettra de porter un jugement sans appel sur la valeur des résultats obtenus, et de décider si les frais considérables qu'a coûtés cette organisation et qu'entraîne son fonctionnement sont une dépense de luxe, ou le meilleur emploi qu'ait pu faire la ville de New-York d'une partie de son budget :

Années.	Nombre de Feux.	Pertes.	Années.	Nombre de Feux.	Pertes.
1866...	796	32 000 000	1872...	1649	14 000 000
1867...	873	28 000 000	1873...	1470	20 000 000
1868...	740	20 000 000	1874...	1355	7 000 000
1869...	850	13 000 000	1875...	1418	12 000 000
1870...	964	10 000 000	1876...	1382	19 000 000
1871...	1258	10 000 000			

La population était en 1866 de 620 000 habitants, en 1876 de 1 061 805 ; elle a donc augmenté dans les proportions de 3 à 5. Si l'on fait la moyenne du nombre de feux pour les années 1866 et 1867 (835), puis pour les années 1873, 1874, 1875, 1876 (1406), on voit que la progression est sensiblement la même ; et si enfin on fait cette même moyenne pour les pertes, on voit qu'elle est de 30 000 000 pour la première période et de 14 500 000 pour la deuxième. Si elle eût suivi la même progression que la population et le nombre des feux, elle eût été de 50 000 000 de francs : différence, 35 500 000 de gain pour une dépense de 6 000 000.

« Avant de terminer cet aperçu sur le fonctionnement des pompes et l'organisation des compagnies de pompiers en Amérique, je crois utile de signaler un abus que n'imiteront pas, je l'espère, les peuples étrangers qui voudraient adopter notre système.

« Nos administrateurs sont généralement choisis parmi les politiciens influents du parti qui est au pouvoir. Ce sont le plus souvent des gens d'affaires, qui n'ont aucune donnée sur le service dont ils entreprennent l'administration ; sauf de rares exceptions, ils sont nommés par des partisans dont, une fois arrivés au pouvoir, ils doivent satisfaire les appétits. De là des changements trop fréquents dans le personnel, les influences politiques substituées à la capacité et aux services rendus ; de là encore une sorte de désorganisation et même de démoralisation dans les bataillons. En un mot, les administrateurs constituent un rouage inutile et qu'il serait urgent de supprimer.

« Il serait bien préférable de placer l'administration sous les ordres directs du colonel et de ses assistants ; nous aurions ainsi à notre tête des gens expérimentés, désintéressés, et par suite l'on obtiendrait certainement de meilleurs résultats. Leurs actes seraient d'ailleurs contrôlés par le maire, leurs transactions ratifiées par sa signature. Ils seraient en un mot responsables vis-à-vis de ce magistrat, mais vis-à-vis de lui seulement, et ce serait là, ce me semble, des garanties suffisantes.

« Cette question a déjà été vivement discutée dans une des séances de notre dernière législature; la loi proposée n'a été rejetée que parce qu'elle semblait donner un trop grand pouvoir au chef du département. Mais je ne désespère pas de la voir présenter de nouveau et cette fois adoptée pour le plus grand bien de notre organisation. »

L'usage exclusif de la pompe à vapeur donne aux services d'incendie de toutes les villes des États-Unis un caractère de grande uniformité. La description très complète que nous avons donnée de celui de New-York nous dispensera d'entrer, pour les autres, dans les mêmes détails. Nous nous bornerons à la nomenclature du personnel, au matériel, au budget, au chiffre des sinistres, et nous ferons seulement ressortir, lorsqu'il y aura intérêt à le faire, les modifications que tel ou tel d'entre eux a apportées à l'organisation de New-York, considérée comme type.

BOSTON

Jusqu'en 1872, Boston, comme beaucoup d'autres villes [1], a fait la sourde oreille aux demandes du département de secours contre le feu, et reculé devant les frais que nécessitait l'installation d'un système rationnel de défense. Mais, le 9 novembre de cette année, un seul incendie dévora 776 maisons, recouvrant une superficie de 26 hectares et représentant une valeur de 375 millions de francs. Et que l'on n'aille pas dire qu'il s'agissait de maisons américaines, c'est-à-dire en bois : le *Sixth annual Report of the Board of Fire Commissionners* décompose ces 776 maisons en : 709 en briques et pierre, 67 seulement en

1. Nous rappellerons que pareille chose est arrivée à Hambourg, qui a attendu la destruction de la moitié de la ville, en 1842, pour organiser le magnifique service d'incendie qui fonctionne aujourd'hui et auquel elle doit de ne plus supporter que des pertes relativement insignifiantes par le feu.

bois ! Ajoutons qu'en dehors de ce sinistre général les
pertes par le feu se sont élevées, dans cette même année
1872, à 7 582 745 francs et, en 1873, à 13 404 765 francs
pour une population qui ne devait guère dépasser
300 000 habitants, puisque le recensement de 1868 en
donne 250 750, et celui de 1874, 342 000. Les décombres fumaient encore que l'on mettait à la disposition des ingénieurs plus de millions qu'ils n'avaient
demandé de centaines de mille dollars, et dont une
partie seulement, accordée en temps opportun, aurait
évité à la ville cet épouvantable désastre !

Organisation. — Le département des secours
contre l'incendie est dirigé par quatre administrateurs
nommés par le maire.

Personnel. — Il comprend une force régulière
permanente de 247 hommes et une réserve de
343 hommes qui se rendent aux postes à la première
alarme : total, 619 hommes.

Service permanent.

1 ingénieur en chef,

11 sous-ingénieurs,

2 ingénieurs de réserve,

3 commis,

22 capitaines,

26 mécaniciens en chef,

28 mécaniciens en second,

83 pompiers (service des tuyaux),

34 pompiers (service des échelles et crochets),

2 pompiers (service des extincteurs),

43 cochers,

5 palefreniers,

4 pompiers marins.

Service de réserve.

29 capitaines,

209 pompiers (service des tuyaux),

104 pompiers (service des échelles et crochets),

1 cocher,

9 télégraphistes.

Outre le corps municipal de pompiers, il existe une corporation privée, mais à laquelle le caractère d'utilité publique a été reconnu, qui a pour titre : *The Boston protective Departement.* Cette corporation a été fondée par les compagnies d'assurance syndiquées, et sa mission spéciale est le sauvetage des meubles et marchandises dans les maisons où le feu se déclare, et leur mise à l'abri de l'eau et de la fumée.

Matériel. — Il se compose de :

33 pompes à vapeur,

1 pompe à bras,

1 bateau à vapeur,

8 extincteurs attelés,

38 extincteurs portatifs,

72 voitures et fourgons,

239 échelles de divers modèles,

37 460 mètres de tuyaux,

139 chevaux, etc.,

Représentant une valeur de 1 536 425 francs.

Télégraphe. — Les différents postes sont reliés au quartier général par des fils télégraphiques. Il y a 272 boîtes d'alarme qui fonctionnent comme celles de New-York ; mais à Boston le quartier général, en même temps qu'il télégraphie le feu aux postes dans le périmètre desquels il a éclaté, met en branle 92 cloches d'alarme réparties sur toute la surface de la ville. Le nombre de coups frappés par ces cloches à trois reprises successives indique aux habitants le numéro de la boîte d'où est parti le signal et conséquemment le lieu du sinistre.

Eaux. — L'eau alimentant la canalisation des rues vient principalement de Chestnut-Hill, à environ 3 milles de Boston, où il a été construit un immense réservoir à une altitude considérable. Il existe également un autre réservoir important à Beacon-Hill. *La pression, sur un grand nombre de points de la ville, est assez forte pour fournir un jet atteignant les étages supérieurs sans le secours de pompes.*

Réglementation municipale préventive. — Il existe une ordonnance et quelques règlements de police prescrivant certaines mesures préventives. Ces règlements sont très incomplets et, de l'opinion de tous les gens compétents, demandent à être complètement révisés.

Budget. — Les chiffres qui suivent sont afférents à l'exercice 1878-1879 :

Personnel	1 900 000 fr.		
Matériel	844 785	»	30
Service télégraphique	88 862	»	05
— des cloches de tocsin	8 273	»	50
Total...	2 841 920 fr. 85		

Statistique.

Années.	Nombre de feux.	Pertes.
1867	284	2 010 575
1868	293	2 005 530
1869	385	2 188 615
1870	497	4 277 855
1871	549	3 521 645
1872	640	382 582 745
1873	620	13 404 765
1874 [1]	291	4 707 415
1er mai 1874 — 30 avril 1875.	702	6 142 015
» 1875 » 1876.	483	2 706 350
» 1876 » 1877.	509	2 106 770
» 1877 » 1878.	514	2 580 045
» 1878 » 1879.	563	2 017 255

Sans être aussi accentués qu'à New-York, les résultats viennent cependant confirmer encore l'importance capitale qu'il y a pour les grandes villes à posséder un service d'incendie fortement organisé, à le constituer d'après les plans de ceux qui en ont le commandement et la responsabilité, et à le pourvoir largement de tous les moyens d'action qu'après étude ils

1. Pour les quatre premiers mois seulement.

demandent. La population de 1879 est à celle de 1867 dans la proportion de 7,2 à 5; le nombre des feux a doublé; cependant le chiffre des pertes est le même.

Avec un pareil armement, ce n'est toutefois pas assez. N'y aurait-il point quelque cause à cette insuffisance des résultats obtenus?

« Le caractère de l'administration des pompiers de Boston est essentiellement civil; bien qu'il y ait un uniforme réglementaire dans les postes, dans les rues et tout le service en général il est fort rare de voir les hommes ou les officiers en tenue. Rien de moins militaire que les rapports des différents membres du corps entre eux. J'ai été spectateur des manœuvres au feu dans deux sinistres, et mon impression a été qu'on manquait d'ordre dans les opérations de secours et sauvetages. Si j'ai été frappé de cette confusion, de ce manque de direction, je ne l'ai pas moins été de la bonne volonté, de l'énergie et du courage individuel des hommes. Avec un matériel et un outillage aussi parfaits que celui des pompiers de Boston, je suis d'avis qu'il ne manque au corps, pour rendre tous les services qu'on est en droit d'en attendre, que d'être plus méthodique et mieux dirigé. La lutte contre le feu devrait être soumise à des règles et ne pas se borner à la résultante d'efforts individuels sans direction. Il devrait y avoir préalablement une instruction théorique et scientifique, pendant la manœuvre plus de discipline; les résultats changeraient du tout au tout. Mais, avec l'absence d'autorité qui caractérise aujourd'hui la direction du département, il pourrait même paraître surprenant que le service ne marche pas plus mal. Ce phénomène trouve son explication dans les avantages précieux et les traitements considérables attachés à la position si enviée de chacun des membres de ce corps, où le simple pompier touche plus de 5000 francs par an. Cette situation est considérée comme des plus fâcheuses par tous les gens raisonnables qui vivent en dehors de la politique. Quant aux autres, ils sont les défenseurs de ces avantages et traitements exagérés, qui sont un appât pour leurs partisans et deviennent trop souvent la récompense de services électoraux. »

SAINT-LOUIS

Saint-Louis a 18 postes, 19 pompes à vapeur dont une de réserve, 3 voitures d'échelles et crochets, et 3 fourgons à charbon.

Les pompes à vapeurs sont traînées par 2, 3 et 4 chevaux : elles demandent 3 1/2 à 4 minutes pour être mises sous pression, et projettent l'eau à 63 mètres de hauteur et 82 mètres de distance horizontale. Les dévidoirs sont à 4 roues et traînés par deux chevaux. Pompes et dévidoirs ne marchent qu'à fond de train et font le mille en 3 minutes (moins de 2 minutes par kilomètre). Les équipes sont de 8 hommes.

La longueur des échelles varie de 16 à 28 mètres. Les équipes sont aussi de 8 hommes.

Le traitement du chef est de 15000 francs par an ;

Le traitement des assistants (3), de 7500 ;

Le traitement des mécaniciens, de 6000 ;

Le traitement des pompiers, de 4500.

Ces renseignements sont les seuls que nous possédions sur Saint-Louis ; ils suffisent pour faire voir que là encore nous nous trouvons en présence d'un service organisé à l'américaine, c'est-à-dire à coups de millions. Les millions sont à coup sûr indispensables, dans une certaine mesure, pour organiser et entretenir le service d'incendie d'une grande ville qui compte des centaines de mille habitants, des milliards de richesses, sans compter celles qui n'ont pas de prix. Mais est-ce suffisant ? L'extrait suivant d'une lettre, du 4 janvier 1878, adressée à notre prédécesseur par l'ingénieur chef du Syndicat des compagnies d'assurances, dont l'action en Amérique est intimement liée à celle des services d'incendie, nous paraît répondre à cette question :

« Il est indiscutable que l'Américain excelle dans la construction et l'usage des machines ; mais. pour la discipline, il ne vaut rien. Chaque homme est son maître, fait ce qu'il veut, exécute les ordres de ses chefs s'ils sont en conformité avec sa propre idée ; sinon, non.

« L'an dernier, l'hôtel du Sud brûla ; 50 cadavres restèrent ensevelis sous les décombres, bien que le rapport officiel n'en ait mentionné que 19. En France, tout eût été sauvé.

« J'ai déjà fait faire un appareil (sac de sauvetage) pareil au vôtre ; il a parfaitement réussi, et toutes les grandes villes de l'Union l'adoptent ; mais là s'arrête ma connaissance de votre organisation, et je m'adresse à vous pour la compléter, parce que vous seul pouvez nous éviter des désastres comparables à ceux de Boston et de Chicago. »

Lettre du 14 mars 1879 :

« Nous avons déjà commencé à faire l'instruction d'après le *Manuel du Sapeur-pompier de Paris* que vous avez bien voulu nous envoyer. Je fais fabriquer un appareil à feux de cave..... »

CHICAGO

Le « Fire Marschall » est nommé par le maire et peut être révoqué par lui. Il propose lui-même le budget de son département au conseil municipal ; ce dernier détermine l'époque et la forme dans laquelle il doit rendre compte de sa gestion. Il choisit lui-même son personnel et le paye d'après un tarif déterminé par le conseil.

Personnel. — Il se compose de 396 employés, savoir :

1 Fire Marschall,

1 premier assistant,

1 deuxième assistant,

7 assistants,

1 premier commis,

1 deuxième commis,

1 gardien,

1 chirurgien,

40 capitaines,

40 lieutenants,

30 mécaniciens en premier,

29 mécaniciens en second,

123 pompiers,

34 apprentis,

75 cochers,

1 directeur du télégraphe,

1 chef du télégraphe,

2 aides de 1re classe,

3 aides 2e classe,

3 ouvriers,

1 employé.

Matériel. — *Pompes à vapeur.* — Il y a 27 pompes à vapeur dont 2 de réserve. Mais, tout au contraire de New-York, où l'on s'efforce de n'avoir que des pompes d'un seul modèle pour faciliter le remplacement des pièces et les réparations, il y a, à Chicago, presque autant de modèles en service que de pompes; par suite, les attelages varient comme à Saint-Louis et sont de 2, 3 ou 4 chevaux. Les équipes sont de 9 hommes.

Extincteurs. — Il y a 3 extincteurs Babcock, pareils à ceux de New-York et traînés par deux chevaux. L'équipe est de 4 hommes.

Echelles. — Il y a 4 compagnies d'échelles de différentes longueurs. La voiture est à deux chevaux, l'équipe de 6 hommes. De plus, une échelle Skinner (voir p. 16) et une échelle Knocke, l'une et l'autre à deux chevaux. Cette dernière consiste en une espèce de hune portée au sommet d'un mât placé dans une glissière portée sur le chariot et au sommet duquel sont fixés des haubans que l'on attache aux maisons voisines pour obtenir une plus grande immobilité. Les pompiers, placés dans cette hune, peuvent diriger des jets de haut en bas sur le feu qu'ils ne pourraient aborder par les maisons voisines. Cet appareil, à en juger par les plans et photographies, semble se prêter difficilement aux sauvetages humains, bien que la hune puisse servir de passerelle pour quitter par les fenêtres l'appartement coupé de l'escalier par les flammes ou la fumée.

Attelages. — 154 chevaux; même système qu'à New-York.

Télégraphe. — Le quartier général est relié avec tous les postes, un grand nombre de boîtes d'alarme, la police, et les compagnies de sauvetage pour la vie et les marchandises. La police et les hommes de ces compagnies sont, comme les pompiers, partagés par quartiers et se rendent en même temps qu'eux sur le lieu du sinistre. Lorsque l'incendie semble prendre les proportions d'un désastre, une alarme générale est donnée, en moins d'une minute, toutes les pompes de la ville, machines de sauvetage, police, etc., sont en route.

Eaux. — La ville de Chicago, en dehors des ressources que lui assure le lac Michigan, qui en baigne toute la partie orientale, et les bassins de ses nombreux parcs, a des réservoirs placés à une grande altitude et fournissant à la canalisation une eau déjà soumise à une pression considérable. A chaque angle des « blocs » de maisons se trouve une bouche d'incendie pareille à celles de New-York, c'est-à-dire élevée de près de 1 mètre au-dessus du sol et disposée pour recevoir l'aspiral d'une pompe à vapeur.

Casernement. — Les postes de Chicago ressemblent à ceux de New-York, avec une modification très intelligente. Les hommes ont leurs bottes attachées à leurs pantalons et ces derniers attachés à leur vareuse, de sorte qu'ils peuvent en quelque sorte s'engouffrer instantanément dans leur vêtement en cas d'alerte de nuit. Leurs lits sont disposés en cercle autour d'un mât, lisse et ciré, dont le pied est fixé dans le sol de la remise située au-dessous de leur chambre, et un espace annulaire règne autour de lui dans le plancher de cette chambre, transformée en une sorte de hune. C'est par ce mât que les hommes se laissent glisser à côté de la pompe dès que retentit le timbre d'alarme.

Traitements et budget. — Les traitements sont inférieurs d'environ 1/10e seulement à ceux de New-York. Le budget pour 1879 était de :

Personnel...............................	2 009 647
Matériel et télégraphes (achat et entretien).	926 185
	2 935 832

Statistique. — Nous ne possédons que celle de 1878.

478 feux (plus 88 fausses alertes) ; pertes : 1608 164 fr. 25 dont 550 635 fr. 75 pour dommages aux constructions et 1 157 528 fr. 50 pour les valeurs mobilières et marchandises.

PHILADELPHIE

Le système est calqué sur celui de New-York. La pression de l'eau dans les conduites est de 5 atmosphères ; la ville est d'ailleurs baignée par les rivières Delaware et Schuylkill. Le réseau télégraphique est complet ; mais les clefs des boîtes d'alarme sont exclusivement entre les mains des agents de police et de ceux du service d'incendie, qui parcourent la ville jour et nuit. — On a récemment introduit le téléphone.

Tous les théâtres sont astreints à l'établissement, dans l'intérieur de l'édifice, d'une large conduite d'eau portant des tuyaux et des lances. Il n'existe aucune loi spéciale concernant les incendies dans les fabriques. Quelques propriétaires de grands établissements se sont pourvus d'appareils extincteurs ; mais ils n'ont donné que de très mauvais résultats au moment de s'en servir.

Le matériel se compose de 28 pompes à vapeur et

5 voitures d'échelles, toutes traînées par des chevaux.

Le budget de 1879 est de :

Personnel...................................	1 800 000 fr.
Matériel....................................	400 000 »
Total...	2 200 000 fr.

Nous n'avons la statistique que pour 1876 et 1877 :

Années.	Nombre de feux.	Pertes.
1876.....	810	6 834 520
1877.....	699	4 137 095

SAN-FRANCISCO

Organisation. — Le département des secours contre l'incendie de San-Francisco a été organisé par un acte du Sénat et de l'Assemblée de Californie en date du 2 mars 1866. La haute direction administrative de ce corps est confiée par la municipalité à un comité de cinq membres dit *Comité des commissaires du feu*. Le commandement est exercé par un ingénieur en chef, assisté d'un suppléant et de quatre aides-ingénieurs.

Personnel. — L'effectif du département est de 294 hommes, dont 87 employés permanents, logeant dans les postes et stations, et 207 hommes qui doivent demeurer dans le voisinage immédiat des postes sans pouvoir s'en éloigner, et doivent se rendre sur le lieu de l'incendie dès que sonne l'alarme.

Parallèlement au service régulier d'incendie, un corps appelé *patrouille du feu*, organisé et entretenu par les compagnies d'assurances, autorisé par acte du Congrès, concourt à l'extinction des incendies et surtout aux sauvetages. Il a pour but : 1° de protéger, à l'aide de bâches en caoutchouc et de couvertures de laine, non seulement les marchandises et mobiliers contre l'eau des pompes, mais encore les maisons voisines contre les flammes, les flammèches et aussi la chaleur de l'incendie ; 2° de pourvoir au sauvetage des marchandises et des meubles quand le feu ne peut être maîtrisé.

La patrouille du feu est composée de 17 hommes, jeunes, alertes, vigoureux, d'une probité reconnue, et se divise en deux escouades, l'une de 12 hommes commandée par le capitaine, l'autre de 5 sous les ordres du lieutenant. Le matériel consiste en : 3 voitures, 2 à 2 chevaux et 1 à 1 seul cheval ; en bâches de caoutchouc, en couvertures de laine faites *ad hoc*, cordages, seaux, haches, appareils Babcock, etc., etc. Cette institution a sauvé aux assurances des sommes considérables, soit en arrêtant des commencements d'incendie avant l'arrivée des pompes, soit en préservant de l'eau des quantités énormes de marchandises ou en les arrachant aux flammes.

Les cinq commissaires du feu qui constituent le comité directeur sont élus pour cinq ans aux élections générales de la ville : leurs fonctions sont gratuites. Les ingénieurs sont nommés pour deux ans.

Matériel. — *Pompes à vapeur.* — Les pompes à

vapeur sont des doubles machines de première ou de deuxième classe avec deux cylindres verticaux de 0,20 à 0,15 de diamètre et 0,304 de course. Elles comportent quatre tuyaux de refoulement, donnent en bonne marche 160 coups de piston à la minute, sous une pression de cinq atmosphères, et peuvent lancer dans ce même espace de temps 2250 litres d'eau à 52 mètres de hauteur et à 61 mètres de distance horizontale [1]. Un tender contenant deux heures de combustible et 225 litres d'eau fait corps avec la pompe. Le poids moyen de la pompe montée de ses trois servants est de 4316 kilogrammes ; le prix moyen de la pompe de 1re classe, 30000 francs.

Les réchauffeurs sont analogues à ceux de New-York et fonctionnent comme eux.

Les dévidoirs des compagnies de tuyaux qui sont attelés à deux chevaux sont à quatre roues et portent 304 mètres de tuyaux carbolisés de 0,065 de diamètre. Les dévidoirs à un cheval sont à deux roues et portent 183 mètres de tuyaux. Ces tuyaux carbolisés ont complètement remplacé ceux en cuir et sont éprouvés à une pression de 13 atmosphères. Les raccords sont les mêmes que ceux des Sapeurs-pompiers de Paris [2].

---

1. Ces résultats ne peuvent être évidemment obtenus que par les pompes de 1re classe.
2. Les anciens, car nos raccords de pompe à vapeur sont en voie de transformation et remplacés par le raccord Keyser.

Pompes et dévidoirs portent en outre les accessoires ordinaires.

Le service courant se compose de :

11 pompes à vapeur avec leur dévidoir ;

8 dévidoirs répartis dans les points de la ville où la pression de l'eau est très considérable (5 à 2 roues et 3 à 4 roues).

La réserve comprend :

5 pompes à vapeur ;

6 dévidoirs ;

5000 mètres de tuyaux ;

Tout l'outillage nécessaire et les pièces de rechange.

Echelles. — Il y a 4 compagnies d'échelles ; les trucs sont à 4 roues et 2 chevaux ; 2 portent chacun 9 échelles qui peuvent se prolonger mécaniquement, tandis que celles des 2 autres se mâtent à mains d'hommes, tout en pouvant s'ajouter les unes aux autres dans une certaine limite.

L'équipement accessoire de ces trucs se compose de 4 crochets à long manche, 4 ordinaires, pinces, seaux, haches, etc. Il comprend aussi un petit bélier qui sert à défoncer les portes en fer des magasins quand il est nécessaire d'y pénétrer, et un appareil pour les sauvetages analogue au sac des Sapeurs-pompiers de Paris.

Bateau à vapeur. — Il est à hélice, mesure 26 mètres de long, 5 m. 93 de large en haut, jauge 80 tonnes et a un tirant d'eau de 3 m. 19. Il a deux machines sans condenseur, avec cylindres de 0,45 de calibre et 0,45 de course; le diamètre de l'hélice est de 2 m. 75. Il fait manœuvrer deux pompes du système Hooker, lançant 4 mètres cubes d'eau (4063 litres) à la minute.

Attelages. — Toutes les voitures sont attelées. Les chevaux sont au nombre de 70, dont 14 de rechange.

Télégraphe. — Le développement des fils du département du feu est de 180 kilomètres. Ils relient le quartier général aux postes, à la police, à la patrouille du feu, à 146 boîtes d'alarme dont le fonctionnement est le même qu'à New-York, et enfin à huit cloches de tocsin.

Eaux. — L'eau de la canalisation urbaine provient de 3 bassins d'une capacité de plus de 30 millions de mètres cubes, construits en dehors de la ville par une compagnie connue sous le nom de « Spring Valley water Works »; ces bassins alimentent les 7 réservoirs distributeurs situés dans l'enceinte de San-Francisco et dont nous donnons l'énumération avec l'altitude et la capacité de chacun d'eux :

	Altitude en mètres.	Capacité en mètres cubes.
Nº 1. Lac Honda........	115	124 595
» 2. Haut Russian Hill.	95	14 095
» 3. Clay Street Hill...	114	534
» 4. Bas Russian Hill..	42	25 405
» 5. College Hill........	77	56 798
» 6. Marker Street.....	59	8 516
» 7. Brannan Street...	26	1 514
		231 457

La pression dans le bas de la ville est de 6 atmosphères 3/4 pendant la nuit et 4 atmosphères 2/3 pendant le jour. La canalisation dessert non seulement toutes les rues, mais encore toutes les maisons jusqu'aux étages supérieurs. Le développement des conduites est de 270 kilomètres, et leur diamètre variable de 0,05 à 0,75. Des raccordements sont pratiqués entre les conduites qui proviennent des différents réservoirs, afin que l'alimentation générale ne soit pas entravée par un accident arrivé à l'un d'eux.

Des prises d'eau saillantes, semblables à celles de New-York, sont établies à presque toutes les intersections de rues : elles sont au nombre de 1278. Des citernes sont en outre pratiquées aux intersections des rues peu accessibles : elles sont au nombre de 54. Leur capacité varie de 56 à 375 mètres cubes, ensemble 7545 mètres cubes.

Casernement. — La ville a fait construire sur des terrains qu'elle s'était réservés dans ce but tous les édifices occupés par le département du feu, savoir : un quartier général avec la tour de la sonnerie générale d'alarme, 23 stations avec écuries pour les 23 compagnies de pompes, de tuyaux et d'échelles, plus un vaste magasin de dépôt pour le matériel, avec ateliers de réparations et écurie pour les chevaux de rechange.

Tout est disposé en vue de la plus grande célérité possible dans le départ de l'équipe et de son matériel.

Ainsi les portes principales s'ouvrent en dehors ; elles ne sont fermées que par deux verrous commandés, ainsi que les arcs en fer qui poussent les portes, par deux pesants contrepoids reliés avec le timbre d'alarme et qui tombe aussitôt que ce dernier retentit ; les portes des chambres du personnel sont à coulisses et s'ouvrent d'elles-mêmes au moyen d'un mécanisme également relié avec le timbre d'alarme.

Réglementation municipale préventive. — Une seule mesure a été rendue obligatoire par arrêté de l'autorité locale : elle est relative au mode d'ouverture des églises, théâtres, salles de bals, de réunions, etc., qui doit toujours se faire *de dedans en dehors*.

Mais, à côté de cette disposition réglementaire, un certain nombre de mesures préventives, quoique facultatives, ont reçu une application d'autant plus générale que les assureurs en tiennent grand compte pour la fixation des conditions de la police.

Chaque théâtre, chaque grand établissement public ou industriel et un grand nombre de maisons particulières sont pourvus d'un ou de plusieurs réservoirs situés à la plus grande hauteur possible et alimentés par l'eau des conduites de rues. Sur les colonnes aboutissant aux réservoirs sont adaptés à tous les étages et sur le toit des robinets auxquels on visse des tuyaux de caoutchouc suffisamment longs pour atteindre toutes les parties de l'édifice ; ces tuyaux sont enroulés sur une selle enfermée dans une armoire placée très en vue dans les corridors ou galeries et portant cette inscription : « Tuyaux à incendie. » La pression dans ces tuyaux est très forte, puisqu'ils sont en communication directe avec les réservoirs distributeurs de la ville.

Dans certains hôtels, on place, au-dessous des fenêtres qui sont au bout des corridors, des boîtes contenant des échelles de corde ; dans les cas où les escaliers et autres issues sont bloqués par le feu ou la fumée, l'échelle, solidement attachée à la boîte, est déroulée et offre un moyen de sauvetage.

Traitements et Budget. — Les traitements sont à peu près les mêmes qu'à Boston. Nous donnons le budget pour l'année 1ᵉʳ juin 1878, — 30 mai 1879 :

Solde du personnel	970 500 fr.
— — télégraphique	40 000 »
Dépenses du matériel	269 509 » 25
	1 280 009 fr. 25

Statistique. — Nous n'avons que celle de la même année :

Nombre de feux.	Pertes aux bâtiments.	Pertes mobilières.	Total.
254	612 095	1 160 495	1 772 590 fr.

BALTIMORE

Le « département du feu » est dirigé par un comité de sept membres. Le personnel se compose de 799 employés, y compris les officiers, non compris le personnel télégraphique, répartis en 13 équipes de pompe à vapeur de 12 hommes chacune, et 3 équipes d'échelles et crochets de 13 hommes chacune. Avec les 13 pompes en service, il y a 3 pompes de réserve. Chacune des voitures d'échelles et 2 des pompes à vapeur portent 2 extincteurs. Ce matériel emploie 70 chevaux.

Les dépenses pour l'exercice 1879 s'élèvent à :

Personnel........................	552 990 fr. 70
Matériel........................	258 394 » 05
Total...	811 384 fr. 75

Le budget pour 1880 a été arrêté à 899 295 francs. Nous n'avons que la statistique de 1879 ; elle accuse 18 fausses alertes, 123 incendies, 1 058 899 fr. 70 de dégâts.

———

Il est inutile de prolonger cette nomenclature ; nous sommes dès à présent en possession de tous les éléments d'appréciation nécessaires, et pouvons la formuler en pleine connaissance de cause.

Le service d'incendie des grandes villes de l'Union est un service essentiellement civil, dont les employés peuvent résilier instantanément ou à très bref délai le contrat qui les lie s'ils y trouvent leur intérêt, mais aussi instantanément révocables, et révoqués, ou tout au moins choisis, paraît-il, autant au point de vue de services politiques rendus ou à rendre qu'à celui de leurs aptitudes techniques ; grassement payés d'ailleurs, parce que la promesse de ces emplois donne aux politiciens, avant les élections, le moyen de s'assurer des électeurs, et après, celui d'en récompenser quelques-uns.

Mais, comme toute dépense a ses limites, même en Amérique, le personnel est réduit au strict nécessaire pour la manœuvre des engins ; un ou deux apprentis sont seuls adjoints à chaque équipe pour remplacer les pompiers à l'heure du repas (une heure par jour), lorsqu'ils sont malades, ou pendant la permission de vingt-quatre heures à laquelle chacun d'eux a droit deux fois par mois. En dehors de ces trois cas, les employés sont rivés vingt-trois heures par jour à la station. « Il me semble, disait l'un d'eux à un visiteur étranger, que je ne reconnaîtrai même pas mes enfants à mesure qu'ils grandissent, tellement je les vois peu ! »

Par suite, pas d'instruction professionnelle. Les rapports sont unanimes à cet égard : « Il n'y pas d'ouvrages techniques, pas de règlements de manœuvres. » La réduction au strict minimum du personnel, afin de pouvoir le mieux payer, a eu pour conséquence nécessaire l'emploi exclusif de la pompe à vapeur. Dès lors, un bon mécanicien et un bon chauffeur, qui ont appris leur métier dans une usine ou sur un steamer, et peuvent fonctionner le jour même où ils sont enrôlés ; cinq ou six hommes assez résolus et vigoureux pour tenir la lance du haut d'une échelle qui vacille ou d'un mur qui branle, et voilà l'équipe constituée. D'exercices gymnastiques, il ne saurait en être question pour des hommes disséminés d'une façon permanente par petits groupes sur toute la surface de la ville et devant rester constamment sur le qui-vive. Partant, pas de sauvetages, sinon accidentellement, comme le démontrent les nombreux sinistres de vies humaines qui accompagnent tous les grands incendies aux États-Unis, tandis qu'ils sont inconnus à Paris, et le chiffre énorme qu'atteint la perte d'objets mobiliers comparée aux dégâts causés aux maisons. La manière de procéder des « Fire-men » américains est invariablement celle-ci : faire converger avec la rapidité de la foudre sur le lieu d'un sinistre 2, 3, 10, 20 pompes à vapeur, s'il le faut, et y précipiter un fleuve. Les sauvetages, ce sont les compagnies d'assurances qui s'en chargent et entretiennent des escouades de *Craig* et *Fry* non pas, on le comprend de reste, dans l'intérêt du public, mais bien dans celui de leurs abonnés et, par suite, de leurs actionnaires.

Le service d'incendie de Paris est exactement l'antipode de ceux des grandes villes de l'Union. Il est militaire : les soldats y subissent les obligations qu'imposent, les gradés et les officiers y jouissent de la possession d'état que garantissent les lois militaires ; il substitue dans la mesure du possible l'effort humain, qui est intelligent, au travail de la machine, qui ne l'est pas ; enfin il est dressé bien plus encore pour le sauvetage des personnes que pour celui des choses.

Avant d'exposer en détail l'organisation et le fonctionnement de ce service, nous caractérisons comme il suit son mode d'action et sa situation actuelle, comparativement à ceux que nous venons d'étudier et même aux services des autres capitales de l'Europe :

De tous les services d'incendie des grandes villes, c'est celui qui est le mieux constitué et le mieux outillé pour sauver les personnes, pour saisir le incendies à leur origine et les empêcher de prendre des proportions redoutables.

Mais, quand un incendie se déclare dans des circonstances et des milieux qui lui donnent dès le début ces proportions, c'est aussi le service d'incendie de Paris qui est le plus mal armé pour le combattre et en arrêter les conséquences désastreuses.

Si, au lieu d'un service de préservation, il s'agissait d'un service de guerre, nous dirions : ce corps a des fusils et des tireurs incomparables qui lui assurent dans tout engagement d'avant-garde, une victoire rapide et complète ; mais il n'a qu'une artillerie et une cavalerie insuffisantes, et dans une bataille rangée il ne peut plus dès lors que sauvegarder, coûte que coûte, l'honneur du drapeau.

Nous avons la confiance que les détails dans lesquels nous allons entrer, rapprochés de ceux qui précèdent, et la statistique comparative par laquelle nous terminerons cette étude, ne laisseront, dans l'esprit de nos lecteurs, aucun doute sur la rigoureuse exactitude de cette proposition.

DEUXIÈME PARTIE

LES SAPEURS POMPIERS DE PARIS

Organisation. — Le « service des secours contre l'incendie » est assuré par un régiment d'infanterie que le ministre de la guerre met à la disposition et à la solde de la ville, et qui porte le nom de « régiment de Sapeurs-pompiers de Paris ». Le service et l'administration intérieurs ont leurs règles tracées par le règlement du 25 avril 1867 ; le corps lui-même a été définitivement constitué, comme tous les autres corps de l'armée française, par la loi des cadres du 13 mars 1875 ; enfin un décret du 20 juillet 1878 a augmenté de 12 sergents et 180 sapeurs l'effectif déterminé par la loi précitée.

Il est soumis à tous les règlements de discipline, de manœuvres [1], et autres, des régiments d'infanterie

1. Voir l'appendice, note A.

4.

et relève comme eux, et au même titre, du ministre de la guerre. Il est placé, pour le service militaire, sous les ordres du général commandant la place de Paris et la subdivision de la Seine [1]. Pour son service technique, il ne relève que du Préfet de police.

Personnel. — Le régiment est constitué à 2 bataillons de 6 compagnies chacun. Son état-major est le même que celui d'un régiment d'infanterie qui aurait cette constitution, avec un capitaine ingénieur et un capitaine instructeur de gymnastique en plus, un adjoint au trésorier et un porte-drapeau en moins. Le cadre des officiers d'une compagnie est aussi le même que celui d'une compagnie d'infanterie. Mais le très grand nombre de postes tous commandés, à l'exception de trois, par de simples caporaux, et les obligations multiples imposées aux sous-officiers ont nécessité dans chaque compagnie l'élévation à 7 (parmi lesquels sont pris le chef des ateliers, le surveillant général de la canalisation des théâtres, les mécaniciens en chef des pompes à vapeur) du nombre des sergents, et à 32 de celui des caporaux (qui fournissent également le sous-chef des ateliers et les mécaniciens en second des pompes à vapeur, le secrétaire du capitaine ingénieur, etc.).

Jusqu'en 1872, le régiment de Sapeurs-pompiers s'est recruté parmi les corps d'infanterie de l'armée

1. Voir l'appendice, note B.

d'hommes ayant au moins six mois de service fait et trois ans de service à faire. La loi du 27 juillet 1872, sur le recrutement de l'armée, ayant rendu ces conditions irréalisables, on a essayé des contingents directs dans la proportion du tiers des hommes appelés. Ce système n'a donné que de mauvais résultats au point de vue du recrutement, de la discipline et de l'esprit de corps. Il a été abrogé par une décision ministérielle du 17 octobre 1879, qui a remis l'ancien en vigueur. En ne prenant que des soldats appartenant à la dernière classe incorporée, on reçoit des hommes ayant déjà huit ou neuf mois de service, dégrossis, dont l'éducation militaire est bien commencée, l'instruction militaire presque terminée et n'ayant plus besoin que d'être entretenue, et qu'il n'y a guère plus dès lors qu'à façonner professionnellement. Ces hommes restent deux ans et demi. A coup sûr, il serait très avantageux qu'un certain nombre d'entre eux restât plus longtemps; mais on n'obtiendrait ce résultat qu'au moyen de sacrifices pécuniaires considérables, les hommes dressés par le régiment et qui ne retournent pas en province trouvant facilement à Paris, dans les grandes administrations, des positions en rapport avec leur spécialité et largement rétribuées.

Le régiment est donc composé comme il suit :

ÉTAT-MAJOR.

Officiers.

1 colonel.
1 lieutenant-colonel.
2 chefs de bataillon.
1 major.
1 médecin-major de
  1re classe.
1 capitaine ingénieur.
2 capitaines adjudants-
  majors.
1 capitaine instructeur
  de gymnastique.
1 capitaine trésorier.
1 capitaine d'habillement.
2 médecins aides-majors
  de 1re classe.

14

Troupe.

3 adjudants.
1 chef armurier.
1 sergent-major garde-ma-
  gasin.
1 sergent secrétaire du colonel.
1 sergent chef de fanfare.
1 sergent 1er secrétaire du
  trésorier.
1 caporal 2e secrétaire du
  trésorier.
1 caporal-clairon.

10

1 COMPAGNIE.

Officiers.

1 capitaine.
1 lieutenant.
1 sous-lieutenant.

3

Troupe.

 1 sergent-major.
 7 sergents.
 1 sergent-fourrier.
12 caporaux de 1re classe.
20 caporaux de 2e classe.
25 sapeurs de 1re classe.
71 sapeurs de 2e classe.
 3 clairons.

140

Donc, pour 12 compagnies :

Officiers................................... 36
Hommes de troupe...................... 1680

Ce qui donne pour l'effectif réglementaire du régiment :

Officiers   50
Hommes de troupe........................   1690

Ce dernier effectif dépasse rarement 1650, par suite du renvoi que l'on fait, quelques jours après leur arrivée au corps, des hommes qui ne satisfont pas aux conditions de vigueur, d'adresse et d'intelligence que réclame le service spécial ; du départ des retraités, réformés, etc. ; il se réduit dans la pratique à 1450 disponibles environ, par suite de quelques permissions accordées et surtout du grand nombre des malades [1].

Il n'est aucune troupe dans laquelle la rigoureuse uniformité de l'instruction soit plus indispensable qu'aux Sapeurs-pompiers. Cette uniformité, que les chefs de bataillon d'infanterie ont mission d'assurer, dans un bataillon dont l'effectif dépasse bien rarement, hélas ! trois cents hommes réunis dans une seule caserne, leurs collègues des Sapeurs-pompiers en ont la charge pour huit cents hommes répartis dans six casernes éparpillées sur une moitié de Paris.

Ils doivent se rendre à tout feu nécessitant le concours de détachements appartenant à plusieurs compagnies de leur circonscription (rive droite et rive

1. Voir l'appendice, note C.

gauche, depuis le pont National à celui de la Concorde, et de là les Champs-Élysées) et y prendre le commandement jusqu'à l'arrivée du lieutenant-colonel ou du colonel. L'histoire de nos guerres d'Espagne, suite de victoires quand l'Empereur commandait les armées, de revers quand ses lieutenants, même les meilleurs, étaient laissés aux prises les uns avec les autres, celle de la campagne de 1859, où il s'en fallut de si peu que ces mêmes compétitions amenassent un désastre, l'avortement lamentable de tant d'expéditions scientifiques (de Castelnau, dans l'Amérique du Sud, d'Escayrac de Lauture, dans la Haute Égypte, etc.), où chacun voulait être le maître, n'ont démontré qu'avec trop d'éclat ce qui, du reste, est un axiome pour tout homme qui en a manié d'autres, à savoir : que le commandement à l'ancienneté est une pure abstraction, et que l'autorité du grade seule permet de l'exercer avec efficacité.

Les attributions du major sont identiques à celles de son collègue de l'infanterie. Bien que la comptabilité des Sapeurs-pompiers soit très considérable, la stabilité absolue du corps et relative de ses règlements administratifs y facilite singulièrement le travail. Le major n'est pas suffisamment occupé, et nous estimons qu'il y a lieu, non de supprimer cet emploi, toujours nécessaire en raison de la direction à imprimer aux officiers comptables et de la surveillance à exercer sur eux, mais de le transformer. Les obligations auxquelles le capitaine ingénieur, cette cheville ouvrière du service technique, est obligé de faire face, ont pris depuis quelques années une extension énorme, qui s'accroît naturellement chaque jour, et elles ne sauraient être plus longtemps imposées à un seul officier sans que les unes ou les autres périclitassent nécessairement. Nous pensons donc, et nous avons l'intention de le demander prochainement, qu'il y aurait lieu de remplacer l'emploi actuel de major par un emploi de major ingénieur, qui conserverait la direction administrative, mais y joindrait celle du service technique, dans lequel il serait secondé, surtout pour la partie active, par un capitaine ingénieur adjoint. Nous faisons incidemment observer que cette modification n'augmenterait pas d'un centime le budget du corps.

Le lieutenant-colonel joint, à toutes les attributions de son collègue de l'infanterie, la haute direction de l'instruction professionnelle des officiers et sous-officiers, et la responsabilité, comme réception, construction, entretien, réforme et amélioration, du matériel d'incendie. Il doit se rendre à tous les sinistres graves et y prendre le commandement [1].

Matériel. — *Pompes à bras*. — La pompe à bras

---

1. Un lieutenant-colonel qui serait contraint de suivre à la lettre ce programme ne tiendrait pas deux ans. Dans la pratique, le colonel va à tous les grands feux de jour, et fait la semaine avec le lieutenant-colonel pour ceux de nuit. — Voir l'appendice, note D.

dite « modèle des Sapeurs-pompiers de Paris », et qui a servi de modèle à toutes les pompes de ce système en service en France et même à l'étranger, est trop connue pour que nous la décrivions ici. On en trouvera du reste la description complète, comme de tout le matériel du service d'incendie de Paris, d'ailleurs (sauf les pompes à vapeur), dans le *Manuel du Sapeur-pompier*, édité par la maison Roret [1]. Son débit moyen d'incendie est de 225 litres à la minute, celui d'épuisement de 275 litres ; elle manœuvre également comme pompe à air dans les feux de cave ; mais elle est en ce moment l'objet d'une modification importante à ce point de vue. Jusqu'à ce jour, il fallait deux pompes pour ces sortes de feux, l'une pour renouveler l'air de l'appareil dans lequel est enfermé le caporal, l'autre pour alimenter la lance qu'il dirige sur le foyer. De plus, le frottement des pistons sur les parois des cylindres échauffait ces derniers; cette chaleur se communiquait à l'air aspiré et refoulé, qui rendait bientôt insupportable la température intérieure de l'appareil. La modification dont nous venons de parler, et qui est due au chef des ateliers du corps, consiste à accoler, aux deux cylindres princi-

1. La substitution des demi-garnitures en caoutchouc aux demi-garnitures en cuir ayant complètement modifié l'arrimage et la manœuvre de la pompe, une nouvelle édition de ce *Manuel* a dû être préparée par une commission d'officiers du corps. Elle est actuellement sous presse et sera accompagnée de la progression des exercices gymnastiques spéciaux aux Sapeurs-pompiers de Paris.

paux, deux petits cylindres secondaires, dont les pistons sont reliés, comme ceux des premiers, au balancier, et agissent sur l'air comme les gros agissent sur l'eau. Dès lors, une seule pompe satisfait aux deux exigences, et de plus les cylindres à air, faisant corps avec les cylindres à eau, restent à la température de ces derniers, et l'air arrive frais aux poumons du caporal.

Il y a une pompe dans chaque petit poste, cinq dans chaque caserne; plus, dans chacune de ces dernières, deux pompes hors de service, dites « d'école », pour la première instruction des recrues, et une huitième, dite « d'instruction », pouvant encore, à la rigueur, fonctionner dans un incendie, et qui sert pour les exercices réels, c'est-à-dire à eau.

Toutes les fois qu'une pompe a été mise en manœuvre à un feu, ne fût-ce qu'une minute, elle est ramenée aux ateliers du corps pour y être démontée, inspectée et réparée s'il y a lieu. Une autre pompe sort immédiatement du magasin pour la remplacer [1].

1. Cette disposition est commune à tout le matériel du corps. Dès qu'un appareil quelconque (sac de sauvetage, cordage, etc.) a été employé, il doit être immédiatement transporté à l'état-major pour y être échangé. Lorsque le cachet d'une boîte à appareil de feux de cave a été brisé, *même par accident*, la boîte et l'appareil doivent être échangés de suite.
Tous les appareils et engins sont d'ailleurs visités et éprouvés périodiquement, savoir :
Annuellement :
Les sacs de sauvetage, au moyen d'un sac de sable de

Cette partie du matériel se compose de :

61 pompes aspirantes et foulantes de 0,125 ;

84 pompes foulantes de 0,125 ;

20 pompes foulantes de 0,105 (dites à feux de cheminée) ;

3 pompes foulantes de 0,090 (pour les bals officiels) ;

12 pompes foulantes de 0,125, d'instruction ;

27 pompes foulantes de 0,125, d'école [1].

Ces pompes sont fabriquées dans les ateliers du corps. Les pompes aspirantes remplacent successivement, au fur et à mesure de l'accroissement des ressources en eau, les pompes foulantes.

Pompes à soufflet. — Ces pompes, au nombre de quatre, servent à l'épuisement des caves envahies par la rupture d'une conduite ou des bateaux coulant bas d'eau ; elles fonctionnent à raison de 450 litres par minute. Elles sont d'un entretien délicat et coûteux, dures à manœuvrer, et devraient être remplacées par la pompe Bichon à raccord Keyser, qui est très rustique, peut être montée et manœuvrée par

100 kilogrammes ; les cordages, au moyen d'une traction par 8 hommes.

Semestriellement :

Les pompes d'école et d'instruction, ces dernières en outre toutes les fois qu'elles ont manœuvré à eau.

Trimestriellement :

Les appareils à feux de cave.

Les pompes à vapeur qui sont restées 40 jours sans aller au feu sont conduites sur la berge de la Seine et mises en manœuvre pendant une heure.

1. Voir l'appendice, note E.

les premiers venus, et épuise à raison de 750 litres par minute. Quelques-unes de ces pompes seraient avantageusement installées par le service de la navigation sur les rives de la Seine, à hauteur des points où se produisent le plus fréquemment des sinistres. Nous en avions fait la demande, qui n'a point été prise en considération.

Pompes à vapeur. — Elles sont au nombre de quatre, deux anglaises système Merry-Wather, deux françaises, construites par M. Thirion, de Paris. Dans chacun de ces groupes, il y a deux modèles. Nous donnons ci-dessous les résultats obtenus pour chacune d'elles :

| | POMPES FRANÇAISES | | POMPES ANGLAISES | |
	n° 1	n° 3	n° 2	n° 3
Débit moyen à la minute.	1500 l.	900 l.	900 l.	600 l.
Portée horizontale du jet.	52 m.	46 m.	38 m.	35 m.
Portée verticale du jet..	45 m.	40 m.	31 m.	28 m.
Poids..................	3100 k. 1.	2700 k. 2.	2600 k. 3.	2160 k. 4.

1. Avec 3 hommes. — 2. Avec 5 hommes. — 3. Avec 7 hommes. — 4. Avec 5 hommes.

Ces résultats sont obtenus avec une pression de cinq atmosphères, 4 mètres de hauteur d'aspiration et deux refoulements de 100 mètres chacun; ils diminuent naturellement en même temps que cette hauteur et cette longueur augmentent; ils varient aussi avec le plus ou moins de pression de l'eau dans la conduite à laquelle la pompe s'alimente.

Les pompes à vapeur sont aussi employées à l'occasion comme pompes d'épuisement; leur débit dépasse alors d'un cinquième environ le débit moyen d'incendie. Chacune d'elles est accompagnée d'un dévidoir à quatre roues portant, outre un approvisionnement de charbon et les accessoires nécessaires :

	POMPES FRANÇAISES		POMPES ANGLAISES	
	n° 1	n° 3	n° 2	n° 3
Tuyaux de toile.........	1000	900	780	560
Tuyaux de caoutchouc..	»	90	»	50
Poids..................	3206 k. 1.	3025 k. 2.	1680 k. 3.	2940 k. 4.

1. Avec 7 hommes. — 2. Avec 3 hommes. — 3. Avec 2 hommes. — 4. Avec 4 hommes.

Ces grandes quantités de tuyaux ont été nécessitées jusqu'à ce jour par l'éloignement considérable entre elles des quelques bouches d'incendie (321 au 1er janvier 1880) qui existaient à Paris, éloignement tel que souvent le foyer se trouvait à plus de 500 mètres de la bouche la plus voisine, et que l'on ne pouvait utiliser que l'une des deux vannes de la pompe. La création de nouvelles bouches permettra de diminuer cet approvisionnement, d'alléger les dévidoirs et de ne plus les faire traîner (sauf celui de la pompe française de 1re classe, qui va à tous les feux et porte la réserve de tuyaux des autres pompes en même temps que les siens propres) que par un seul cheval au lieu de deux, comme cela se pratique aujourd'hui.

On voit d'ailleurs combien une moitié de ce matériel déjà si insuffisant, les pompes anglaises, achetées il y a près de dix ans et construites d'après les premiers types de pompes à vapeur, est surannée, gothique, impuissante par rapport à sa masse, et peu digne de figurer dans le matériel d'incendie d'une ville comme Paris. De plus, les constructeurs parisiens ne *peuvent* ou ne veulent pas réparer les pompes Merry-Wather; il faut faire venir un ouvrier d'Angleterre, et la dépense devient immédiatement considérable. Ajoutons enfin, pour terminer, que cette bigarrure des types en service est la source d'inconvénients de toute nature, quelquefois graves, au point de vue de l'instruction des équipes, des petites comme des grosses réparations, et des dispositions d'attaque d'un grand feu. L'expérience est faite, décisive, et nous considérons comme une nécessité l'adoption, pour les pompes à vapeur de la ville de Paris, d'un seul type et de deux modèles [1] : l'un, qui en constituerait

---

1. L'impossibilité où elles sont de jouir du même privilège que Paris, siège du gouvernement, et d'avoir un service d'incendie permanent, amène successivement les villes de province à se munir de pompes à vapeur, et le nombre en serait encore plus grand si les engins perfectionnés d'aujourd'hui ne coû-

ce que nous appellerions l'artillerie de réserve, représentée par un petit nombre d'engins puissants (deux, y compris celui qui existe déjà), fournissant à la minute 1500 litres d'eau avec la force de projection et la portée maxima ; le second, adopté pour toutes les autres pompes, ne donnant que 1200 litres à la minute, mais plus léger, plus mobile et par suite arrivant plus rapidement sur le lieu du sinistre.

Le diamètre des tuyaux de toile a varié de 0,065 à 0,080 ; c'est ce dernier calibre qui a définitivement été adopté. Le corps en possède 5000 mètres en demi-garnitures de 40 mètres (exceptionnellement de 20 mètres, pour utiliser les précédentes lorsqu'elles sont coupées) ; un marché de 10 400 mètres, destinés aux dévidoirs à bras dont nous parlerons plus loin, est en cours de livraison. Ils sont éprouvés à une pression minimum de 15 atmosphères. Lorsqu'on veut avoir deux lances sur un même refoulement, on ajoute sur la pièce de division deux demi-garnitures de pompe à bras. Le poids des tuyaux de toile est de 31 kil. 500 les 40 mètres, celui des tuyaux de caoutchouc de 27 kilogrammes les 10 mètres ; ces derniers ne sont point renouvelés.

taient pas aussi cher. La ville de Paris aurait tout avantage à se défaire, pour les remplacer par des pompes françaises n° 2, de ses Merry-Wather, que quelque ville du Nord où il ne manque pas d'ouvriers anglais lui achèterait aussi cher qu'elle les a payées, puisqu'elle les a eues presque pour rien, à la suite de la guerre.

Le nombre des diamètres d'orifice pour lance de pompe à vapeur en service au corps est considérable, trop considérable. Il est pourtant nécessaire qu'il en soit ainsi, en raison des longueurs de tuyaux de refoulement auxquelles nous condamne quelquefois l'éloignement des bouches d'incendie, et de l'obligation de restituer à l'eau, par la diminution du calibre de sortie, une partie de la pression que les frottements contre les parois des tuyaux lui ont fait perdre. Lorsque le réseau des bouches de 100 millimètres sera terminé, il n'y aura plus que trois calibres par modèle de pompe à vapeur française : 0,022, 0,027 et 0,030 pour la 1re classe, et probablement 0,018, 0,025 et 0,030 pour la seconde. Les premiers orifices, dits de portée, servent à renverser des cloisons en planches ou en briques ou à faire sauter des parquets que l'on ne peut aborder ; on ne saurait en armer à la fois sans danger les deux lances d'une pompe à vapeur dont les tuyaux de refoulement n'auraient pas une certaine longueur, à cause de l'énorme pression qui se développe à la lance lorsque la machine s'alimente et fonctionne bien. Les orifices moyens satisfont dans la pratique à presque tous les besoins et sont d'un usage courant. Les grands orifices servent à bout presque portant pour noyer les décombres embrasées.

Les pompes à vapeur sortent fréquemment (202 sorties en 1878, 235 en 1879), puisqu'elles partent pour tous les feux signalés comme inquiétants ; mais le nombre d'incendies dans lesquels elles ont jusqu'à ce jour été mises en manœuvre, soit isolément, soit au nombre de deux, trois ou quatre, est relativement assez restreint (10 en 1878, 17 en 1879). Cette rareté d'intervention tient à trois causes :

1° *Le petit nombre de grands feux.* — Ainsi que nous l'avons dit ailleurs [1] et que l'établira la statistique placée à la fin de ce livre, le service d'incendie de Paris est le seul auquel son organisation militaire et la rigoureuse discipline [2] qui en est la conséquence permettent de s'émietter, pour ainsi dire, sur toute la surface de Paris, afin d'y multiplier la surveillance et de placer toujours le secours le plus près possible du danger. 93 postes de ville, 26 de théâtre et 4 de grands établissements lui donnent les moyens d'arriver presque instantanément sur les points où le feu lui est signalé, de le prendre corps à corps et, 39 fois sur 40, de l'étouffer avant qu'il ait pris les proportions d'un sinistre. Par suite du temps, sur lequel nous aurons à revenir, qui s'écoule entre le signal demandant les chevaux et leur arrivée à la remise, ils sont fréquemment prévenus par la dépêche « maître du feu », de sorte qu'il n'y a plus qu'à les renvoyer; ou bien si, cette dépêche n'étant pas reçue, la pompe

1. *Revue scientifique* du 24 janvier 1880 : Le feu et l'eau à Paris.
2. Voir l'appendice, note F.

part, elle arrive le plus souvent en présence d'un feu aux trois quarts éteint et ne met même pas sous pression.

2º *L'insuffisance d'alimentation.* — Nous avons déjà effleuré cette question à propos des dévidoirs; nous y reviendrons plus longuement au paragraphe qui traite des eaux. Contentons-nous pour le moment de dire qu'il est fréquemment arrivé à trois pompes de se trouver en présence d'un incendie considérable, et aux deux dernières arrivées de regarder la fabrique ou l'entrepôt brûler, parce que la première s'alimentait à la seule bouche qui en fût assez rapprochée pour pouvoir être utilisée.

3º *Le temps démesuré qui s'écoule entre le moment où une pompe à vapeur reçoit le signal d'alarme et celui où la première eau jaillit de ses lances.* — Ici, nous abordons le point capital de l'organisation du service des pompes à vapeur, organisation rudimentaire, incomplète jusqu'à ce jour et qui, rationnellement combinée avec le réseau des petits postes qui existe et un système d'avertisseurs à créer, ferait, relativement à peu de frais, de Paris la ville du monde la mieux protégée contre le feu, et d'un grand sinistre un événement aussi rare que le choléra. Nous nous proposons donc de traiter cette question avec tout le développement qu'elle comporte et de poser les bases d'un système de défense qui, tout en satisfaisant strictement aux nécessités actuelles, ne réclame que des augmentations insignifiantes, sans modification du plan général, lorsque quelques années de paix et de travail auront transformé la zone périphérique de Paris en quartiers aussi denses et à peine moins riches que ceux du centre de la ville.

Aujourd'hui, il faut un minimum moyen de 8 minutes 1/2 pour que les chevaux, demandés par le télégraphe, arrivent à la remise : 1 minute pour atteler la pompe et le dévidoir.

Arrivées en position, les pompes françaises mettent onze minutes pour obtenir la pression suffisante; les pompes anglaises, depuis plus longtemps en service, plus primitives et dont les chaudières sont entartrées, mettent de quinze à dix-sept minutes : soit seize. Cela fait donc une moyenne de treize minutes et demie.

On nous objectera peut-être que nous pourrions allumer le foyer en partant de la remise, et confondre ainsi le temps nécessaire à la mise sous pression avec celui de la course. Pour un parcours de une minute et demie à deux minutes, oui ; pour plus, non. Ce système n'est applicable que dans les villes pavées en bois ou macadamisées : encore ne l'emploie-t-on généralement que la nuit, en raison de la frayeur ressentie par les chevaux et des accidents qui en résultent. Mais sur le pavé de Paris, dès que les fagots d'allumage sont consumés, les cahots brisent contre les parois du foyer le charbon, qui passe à travers les grilles ; et, une fois arrivé, tout est à recommencer.

Donc, il demeure dès à présent établi que nos pompes perdent *vingt-deux* minutes entre le signal du feu et le moment où elles commencent à combattre le sinistre, *sans compter le temps nécessaire pour parcourir la distance qui le sépare de la remise*, à raison de trois minutes et demie par kilomètre, la plus grande vitesse que l'on puisse avoir dans les rues si populeuses et si encombrées de Paris, surtout le jour quand il y a loin et avec des chevaux déjà quelquefois fatigués. Or, quelle peut être cette distance ?

Comme il ne s'agit pas seulement de la fixer pour une seule pompe à vapeur, mais encore et surtout pour les cas où il est nécessaire de concentrer deux, trois ou quatre pompes sur un grand feu, il nous suffit de calculer les distances et par suite les temps minimum dans l'hypothèse la plus favorable ; on se fera dès lors une juste idée des impossibilités auxquelles nous nous heurtons avec le système actuel dans la pratique, où ces distances et ces temps sont largement dépassés.

Paris a 7802 hectares de superficie, disons 8000 (ce qui n'est pas une augmentation de 1/40) pour la facilité du calcul et la clarté de la démonstration. Sa forme est celle d'un polygone irrégulier de sept ou huit côtés légèrement aplati du nord au sud et dont les diamètres, sur le méridien et le parallèle qui se coupent à l'état-major, sont respectivement (entre pieds des talus des fortifications) de 8950 et 10 200 mètres. Étant donné que le service d'incendie ne dispose que de quatre pompes à vapeur, la surface géométrique sur laquelle elles pourraient être disposées pour avoir le moindre chemin moyen à parcourir et par conséquent donner le maximum d'effet utile serait évidemment un carré subdivisé en quatre autres carrés égaux dont chacun serait la zone à défendre par une pompe, qui serait placée à son centre.

Soit donc (fig. 1) un tel carré d'une surface de 8000 hectares. Le côté en étant de 8944 m., celui de chacun des petits carrés sera de 4472 m. On voit de suite à la première inspection de la figure :

Que pour chaque pompe il y a quatre points, les quatre angles du carré qu'elle défend, et pour toute la surface neuf points (en ne comptant que pour un les points communs à deux pompes voisines) sur lesquels elle ne peut arriver avant d'avoir franchi 3162 mètres en $11' + 23' = 34'$ entre le signal du feu et la sortie du premier jet ;

Qu'il n'existe que quatre points, en C, sur lesquels on puisse faire converger deux pompes sans que l'une d'elles ait à parcourir plus de 2236 mètres en $8' + 23' = 31'$;

Qu'il en existe quatre autres, les angles du grand carré, sur lesquels on ne peut faire converger deux pompes sans que l'une ait à parcourir une distance de

3162 mètres en 11′ + 23′ = 34′ et l'autre une distance de 7071 mètres en 25′ + 23′ = 48′ : temps moyen 41′;

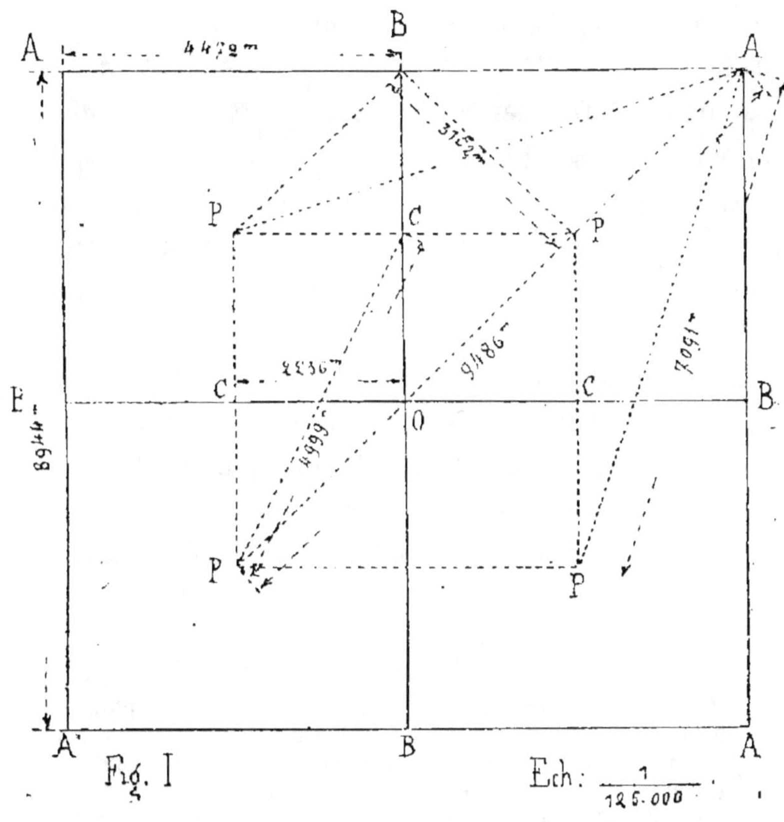

Fig. 1.

Qu'il n'existe qu'un seul point, le centre O, où l'on puisse réunir trois[1] ou quatre pompes sans que chacune

1. En choisissant les points P, où se trouve déjà une pompe, comme point de convergence des deux autres, la somme des chemins parcourus par ces dernières, ou 4472 × 2 = 8944 m., se-

d'elles ait à parcourir une distance supérieure à 3162 mètres en 11′ + 23′ = 34′;

Qu'il existe quatre points, les angles du grand carré, sur lesquels on ne peut faire converger trois pompes sans que l'une d'elles ait à parcourir une distance de 3162 mètres en 11′ + 23′ = 34′ et les deux autres une distance de 7071 mètres chacune en 25′ + 23′ = 48′ : temps moyen 43′ 20″;

Et quatre pompes sans que trois d'entre elles aient à faire le chemin que nous venons d'indiquer, la quatrième 9486 mètres en 33′ + 23′ = 57′ : temps moyen 46′ 30″.

Ces résultats sont ceux de la théorie dans une hypothèse aussi favorable qu'irréalisable : nous n'eussions pas osé donner ceux de la pratique avant de les avoir fait précéder de cette démonstration. Nous n'en abuserons point et nous contenterons de deux exemples.

rait inférieure de 542 m. à la somme des trois chemins parcourus pour converger en O, et le temps moyen ne serait plus que 26′. Mais cette hypothèse est inadmissible, parce qu'un feu qui éclate à la porte d'une pompe à vapeur est maîtrisé trop tôt pour nécessiter l'arrivée d'une seconde et surtout d'une troisième. Dans le cas contraire, cette diminution du temps moyen serait largement compensée par le temps plus long que mettrait chacune des deux pompes éloignées pour arriver en ligne.

Nous ferons seulement observer que la somme des chemins pour converger aux points C, ou 4999 + 2236 × 2 = 9471, étant inférieure de 15 m. à la somme des trois chemins égaux pour converger en O, les 4 lignes OC peuvent être considérées comme le lieu géométrique des chemins et des temps moyens minimum pour la concentration de 3 pompes. Même observation quant aux lignes PP, pour la concentration de deux.

Le 17 juin 1879, la pompe à vapeur de Passy (il y en avait une à cette époque) et celle de l'état-major reçurent le signal de : « grand feu, rue Émeriau et quai de Grenelle, fabrique de vagons. » La pompe de Passy avait à faire 2200 mètres, soit $8' + 23' = 31'$; celle de l'état-major 4600 mètres, soit $16' + 23' = 39'$; l'incendie était à son plein lorsqu'elles mirent en manœuvre; dégâts, 333000 francs. La pompe la plus voisine après les deux que nous venons de citer aurait eu à franchir 8000 mètres, soit $28' + 23' = 51'$.

Le temps moyen pour les deux pompes (35') est inférieur de 6' au temps maximum de la théorie. Aujourd'hui que la pompe de Passy est supprimée, ce même temps deviendrait 45' et dépasserait le maximum de 4'. Or la rue Émeriau n'est point au périmètre de la ville.

Le 31 mars dernier, les pompes de l'état-major, rue de Pomard, Ménilmontant recevaient le signal de : « grand feu rue d'Alésia, 93, chantiers de bois. » La pompe de l'état-major avait à faire 3400 mètres en $12' + 23' = 35'$; celle de la rue de Pomard 4600 mètres en $16' + 23' = 39'$; celle de Ménilmontant 6600 mètres en $23' + 23' = 46'$: temps moyen 40', 3' 20" de moins que le maximum. Mais, comme les deux dernières ne trouvèrent pas d'eau, on ne put mettre en manœuvre que celle de l'état-major, qui avait mis elle une minute de plus que le maximum théorique. Dégâts : 200 000 francs. Or la rue d'Alésia n'est pas encore non plus au périmètre de la ville.

Maintenant si l'on considère que les distances que nous venons de donner dans ces deux exemples sont les *distances en ligne droite*, sauf l'angle au passage de la Seine lorsqu'il y a lieu, et qu'elles sont en moyenne augmentées en réalité d'un sixième et même plus (le chemin parcouru par la pompe de la rue de Pomard pour venir à l'incendie de la rue d'Alésia, mesuré sur le plan de Paris, est de 5400 mètres au lieu de 4600) par les détours, on comprendra que trois fois sur quatre les pompes à vapeur n'arrivent que pour faire demi-tour, et la quatrième fois pour se trouver souvent en face d'un sinistre qui a eu le temps de prendre de telles proportions qu'elles doivent se borner à le circonscrire entre les murs du bâtiment, mais qu'il leur est impossible d'empêcher que tout ce que renferme ces murs soit dévoré.

Cependant nous n'aurions pas tout dit si nous n'ajoutions que l'action des pompes à vapeur n'est point strictement limitée à l'agglomération parisienne, et que de tous temps il a été admis qu'elles allassent prêter leur concours à l'extinction des grands feux qui se déclarent dans les communes suburbaines. C'est alors que les chemins et le temps peuvent prendre des proportions excessives. Le 24 janvier dernier, la pompe à vapeur de la rue de Pomard arrivait encore à temps pour empêcher l'incendie qui dévorait la fabrique de caoutchouc de MM. Letellier et Verstraët, à Charenton, de se communiquer à une distillerie d'alcools immédiatement contiguë et d'amener la conflagration de tout le quartier : 4000 mètres. Le 12 mars, l'ex-pompe à vapeur de Passy arrivait à l'incendie de la brasserie des Caves du roi, à Sèvres, « et y sauvait les maisons attenantes d'une destruction presque certaine, tant était grande la violence du feu dès son début » (lettre de M. le maire de Sèvres à M. le Préfet de police, du 20 mars) : 7800 mètres. Le 1er mai, les pompes à vapeur de Château-Landon et de Ménilmontant ont seules pu circonscrire et maîtriser l'incendie qui avait éclaté dans les chantiers du boulevard de Stains, à Aubervilliers, dont les dégâts se sont élevés à 800 000 francs, en allant puiser à 250 mètres, dans le canal, l'eau qui manquait sur les lieux à 13 pompes à bras accourues des environs, par suite immobilisées, et empêché le feu de gagner et détruire l'immense établissement des magasins généraux (lettre de M. le maire d'Aubervilliers à M. le Préfet de police, du 4 mai).

De plus, depuis l'incendie du 2 juin 1879, une pompe à vapeur est constamment sous pression derrière les tribunes de Longchamps et d'Auteuil, les jours de courses, pour éviter le retour d'un pareil incident.

Le colonel des Sapeurs-pompiers a seul, par délégation du Préfet de police et sous sa responsabilité, le droit de juger l'opportunité qu'il peut y avoir d'envoyer une ou plusieurs de ses pompes à vapeur à un grand feu *extra muros*. On comprend assez, et les exemples que nous venons de citer le prouvent, que nous n'hésitons jamais à donner cet ordre, à moins de circonstances extraordinaires qui compromettraient la sécurité de Paris. Or ces circonstances peuvent se présenter et se sont précisément présentées il y a quelques jours. Chacun se rappelle l'explosion qui eut lieu le 1er mai dans les ateliers d'artifices de M. Honoré, rue du Chemin-Vert, à Pantin. On crut au premier moment, et avec toute apparence de raison, qu'elle allait avoir pour conséquences, outre les cadavres semés autour des ateliers, un incendie formidable, et nous reçûmes une dépêche nous demandant des pompes à vapeur. Nous en avions deux depuis trois heures du matin (il était une heure et demie de l'après-midi) au boulevard de Stains ; nous refusâmes formellement. Fort heureusement, l'incendie redouté n'éclata point ; mais en eût-il été autrement, eût-il dévoré tout Pantin, que nous n'eussions point bougé, ne pouvant laisser désarmée la ville dont nous avons la garde.

A cette époque, nous avions encore cinq pompes à vapeur ; aujourd'hui, que nous n'en avons plus que quatre, nous n'en laisserons certainement jamais sortir qu'une seule, très exceptionnellement, et seulement pour aller à quelques mètres de la contrescarpe du fossé d'enceinte. Les pompes de Paris doivent avant tout protéger Paris.

Un exemple de ce qui arrive dans le cas contraire complétera la démonstration. Le 18 mai, on signale :

« feu de fabrique de pianos, boulevard Belleville, n° 23. » L'incendie s'était déclaré dans un atelier situé au premier étage, au milieu de magasins de bois secs et découpés, au fond d'une cour, des maisons contiguës des quatre côtés : toutes les conditions pour un sinistre considérable. Mais la pompe à vapeur de Ménilmontant n'était qu'à 300 mètres; le mécanicien allume au premier signal, saisit les chevaux de relais qui se trouvent au coin du boulevard et de la rue Oberkampf au lieu d'attendre ceux du Dépôt, continue à chauffer en marchant (il le pouvait, étant donnés la distance et le macadam) : 8' après la première apparition de la flamme, ses lances étaient sur le foyer : dégâts, 20 000 francs, au lieu peut-être d'un quart de million dix minutes plus tard.

Le système actuel est donc jugé [1] : recherchons ce qu'il convient de mettre à sa place.

1. Il vient de n'être que trop jugé !
Nous ne cédons pas, qu'on veuille bien le croire, au triste plaisir de nous écrier : Je l'avais bien dit! quand il s'agit d'un désastre pareil à l'incendie du Pavillon de Flore; mais nous avons trop profond le sentiment que nous remplissons ici un devoir d'ordre public, pour ne pas faire toucher du doigt à quel point cet incendie est l'éclatante confirmation de ce qu'on vient de lire.
A 10 h. 24 m. du soir, l'Etat-major a reçu le signal : grand feu, Pavillon de Flore.
Coup pour coup, le signal est parti pour le dépôt des omnibus de la rue Monge.
Les chevaux — que la compagnie, qui a résilié son marché le jour où, malgré les observations, les supplications pourrions-nous dire, du Préfet de police et les nôtres, on a voulu le réduire de 10 à 8000 fr. (*Rapport fait au nom de la 7ᵉ commission*, séance du 15 avril 1880), ne nous fournit plus que par

Paris, avons-nous dit, a la forme d'un polygone de sept ou huit côtés légèrement aplati du N. au S. Prenons donc un octogone régulier (fig. 2) de 8000 hectares de superficie. La longueur du côté est de 4070 mètres, celles des rayons des cercles circonscrit et inscrit respectivement de 5318 et 4913 mètres. Si, sur ce dernier, nous cherchons un point équidistant des deux extrémités de l'autre rayon, et tel que tous les triangles APP′ soient isocèles, nous voyons qu'en y plaçant une pompe dans chacun des huit secteurs et une au centre, les chemins et temps moyens maximum deviennent :

Pour une pompe, 2878 mètres ou $10' + 23' = 33'$, au lieu de 3162 mètres ou $11' + 23' = 34'$;

Pour deux pompes, même chemin et même temps moyen, c'est-à-dire 33′ au lieu de 3162 m. $+$ 7071 m., ou 41′;

Pour trois pompes, deux fois 2878 et une fois 5318 mètres ou $\dfrac{33' \times 2 + 42'}{3} = 36'$ au lieu de 3162 plus deux fois 7071 mètres ou $43'\,20''$;

condescendance — ont mis à arriver 17 m., pendant lesquelles les officiers et l'équipe trépignaient d'impatience;

1 m. pour atteler.

4 m. pour franchir la distance.

10 m. pour mettre en pression.

Total : TRENTE-DEUX minutes entre le signal et la sortie du premier jet, à 1600 m. de la remise, dans Paris, en 1880. — Les conséquences, on les connaît.

Avec l'adoption de notre système ce temps se réduisait à 9 m.

(Note ajoutée pendant l'impression.)

Pour quatre pompes, deux fois 2878, une fois 5318 et une fois 5094 mètres, ou $\dfrac{33' \times 2 + 42' + 40'}{4}$

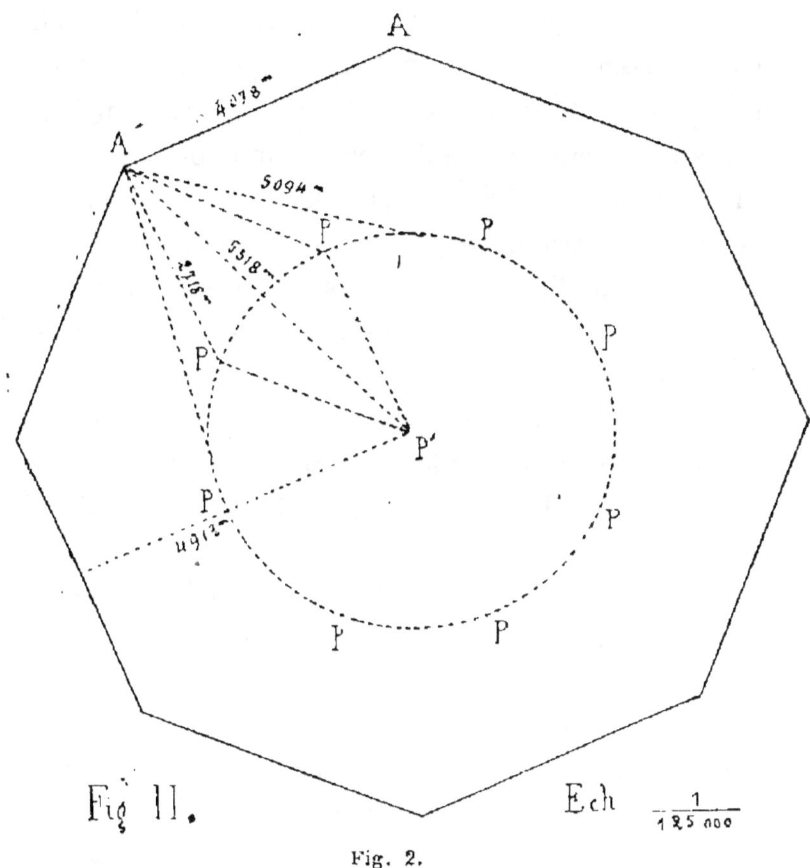

Fig. 2.

$= 37'$, au lieu de $3162 + 7071 \times 2 + 9486$ mètres, ou $46'\,30''$;

Et pour cinq pompes, deux fois 2878, deux fois 5094 et une fois 5318 mètres ou $\dfrac{33' \times 2 + 40' \times 2 + 42'}{5}$ $= 37'\,36''$.

On voit avec quelle rapidité l'écart des temps dans les deux systèmes, qui n'est que de $1'$ pour une pompe, croît lorsqu'il s'agit de la concentration de plusieurs pompes, c'est-à-dire précisément lorsqu'il est nécessaire qu'il en soit ainsi, puisque ces concentrations ont pour objectif un sinistre considérable menaçant non seulement l'immeuble embrasé, mais encore les immeubles voisins, et par suite la sécurité et la richesse publiques. Un simple rapprochement en dira plus que tout le reste : *Dans le système que nous proposons, le temps* MAXIMUM *pour la concentration de* CINQ *pompes est inférieur de* $5'$ $44''$ *à celui nécessaire pour la concentration de* TROIS *pompes et supérieur seulement de* $3'$ $36''$ *au temps* MINIMUM *pour celle de* TROIS *ou* QUATRE *pompes dans le système actuel ; de plus, il laisse encore quatre pompes, à des postes rationnellement déterminés, pour couvrir le reste de Paris.*

Ainsi que nous l'avons fait pour le système actuel, voyons ce que deviennent dans la pratique les indications de la théorie pour celui que nous proposons. Nous prenons un plan de Paris et nous le décomposons en huit secteurs (voir carte I) ayant leurs angles au sommet. qui est le quartier général, égaux, et pour base la partie du périmètre comprise entre leurs côtés respectifs. Nous y reportons en O, A, B et C [1] les empla-

---

1. Le point C n'est point celui qu'occupe actuellement la pompe en service dans cette direction : elle est remisée rue de Pomard,

cements des quatre pompes actuellement en service et en a, b, c, d et e ceux des cinq nouvelles à établir, les pompes b, c et d aux deux casernes de Passy et de Grenelle existant déjà et à celle d'Alésia [1] en projet, les pompes a et e aux points déterminés par le tempérament inflammable, si nous pouvons l'appeler ainsi, du secteur et des secteurs voisins, la présence de larges voies de communication et la possibilité d'y trouver un local. Nous indiquons par X, X^1, X^2... le point de chaque secteur le plus éloigné de la pompe affecté à ce dernier et des pompes voisines, demandant par conséquent pour les concentrations le temps maximum.

1200 mètres au sud du point C. Mais, lorsque la canalisation très complète des entrepôts de Bercy sera terminée, la présence à leur proximité immédiate d'une pompe à vapeur ne sera plus nécessaire, et cette dernière pourra être installée dans la caserne que l'on va bâtir à l'angle de la rue de Chaligny et du boulevard Mazas, en remplacement de celle qui existe boulevard de Reuilly.

1. Nous ne plaçons la pompe d à ce point que pour éviter des frais de location à la ville, en la remisant dans la caserne qui doit être prochainement construite. Elle sera beaucoup trop près (comme la caserne, d'ailleurs) du périmètre, par conséquent éloignée de son véritable centre d'action, qui est très évidemment place Denfert-Rochereau, presque au point théorique, et au carrefour de six grandes voies.

Nombre de pompes	DISTANCES	TEMPS	Distance moyenne	TEMPS MOYEN
5	BX1 = 2200	31'	3950	36'4"
	AX1 = 3200	34'		
	CX1 = 3800	36'		
	eX1 = 5200	41'		
	OX1 = 5300	42'		

Secteur O.-N.-O.

Nombre de pompes	DISTANCES	TEMPS	Distance moyenne	TEMPS MOYEN
1	bX6 = 2100	30'	»	»
2	bX6 = 2100	30'	2300	31'
	oX6 = 2500	34'		
3	bX6 = 2100	30'	2933	33'20"
	aX6 = 2500	32'		
	cX5 = 4200	35'		
4	bX5 = 2100	30'	3550	35'30"
	aX6 = 2500	32'		
	cX6 = 4200	38'		
	OX6 = 5100	42'		
5	bX6 = 2100	30'	4000	37'
	aX6 = 2500	32'		
	cX6 = 4200	38'		
	OX5 = 5400	42'		
	AX6 = 5800	43'		

Nombre de pompes	DISTANCES	TEMPS	Distance moyenne	TEMPS MOYEN
3	aX7 = 2200	31'	3300	34'39"
	AX7 = 2700	32'		
	OX7 = 5000	41'		
4	aX7 = 2200	31'	3750	36'15"
	AX7 = 2700	32'		
	OX7 = 5000	41'		
	BX7 = 5100	41'		
5	aX7 = 2200	31'	4140	37'38"
	AX7 = 2700	32'		
	OX7 = 5000	41'		
	BX7 = 5100	41'		
	bX7 = 5700	43'		

Secteur E.-N.-E.

Nombre de pompes	DISTANCES	TEMPS	Distance moyenne	TEMPS MOYEN
1	BX1 = 2200	31'	»	»
2	BX1 = 2200	31'	2700	32'30"
	AX1 = 3200	34'		
3	BX1 = 2200	31'	3066	33'40"
	AX1 = 3200	34'		
	CX1 = 3800	36'		
4	BX1 = 2200	31'	3600	35'30"
	AX1 = 3200	34'		
	CX1 = 3800	36'		
	eX1 = 5200	41'		

Secteur N.-N.-E.

Nombre de pompes	DISTANCES	TEMPS	Distance moyenne	TEMPS MOYEN
1	AX = 2500	32'	»	»
2	AX = 2500	32'	3150	34'
	BX = 3800	36'		
3	AX = 2500	32'	3900	36'40"
	BX = 3800	36'		
	aX = 5400	42'		
4	AX = 2500	32'	4400	38'30"
	bX = 3800	36'		
	aX = 5400	42'		
	OX = 5900	44'		
5	AX = 2500	32'	4700	39'36"
	BX = 3800	36'		
	aX = 5400	42'		
	OX = 5900	44'		
	CX = 5900	44'		

Secteur N.-N.-O.

Nombre de pompes	DISTANCES	TEMPS	Distance moyenne	TEMPS MOYEN
1	aX7 = 2200	31'	»	»
2	aX7 = 2200	31'	2450	31'30"
	AX7 = 2700	32'		

Secteur E.-S.-E.

Nombre de pompes	DISTANCES	TEMPS	Distance moyenne	TEMPS MOYEN
1	$CX^2 = 2100$	30'	»	»
2	$CX^2 = 2100$	30'	2300	31'
	$eX^2 = 2500$	32'		
3	$CX^2 = 2100$	30'	2833	33'
	$eX^2 = 2500$	32'		
	$BX^2 = 3900$	37'		
4	$CX^2 = 2100$	30'	3400	35'
	$eX^2 = 2500$	32'		
	$BX^2 = 3900$	37'		
	$OX^2 = 5100$	41'		
5	$CX^2 = 2100$	30'	3940	36' 48"
	$eX^2 = 2500$	32'		
	$BX^2 = 3900$	37'		
	$OX^2 = 5100$	41'		
	$dX^2 = 6100$	44'		

Secteur O.-S.-O.

Nombre de pompes	DISTANCES	TEMPS	Distance moyenne	TEMPS MOYEN
1	$cX^5 = 3300$	35'	»	»
2	$cX^5 = 3300$	35'	3350	35'
	$bX^5 = 3400$	35'		
3	$cX^5 = 3300$	35'	4466	38' 40"
	$bX^5 = 3400$	35'		
	$dX^5 = 6700$	46'		
4	$cX^5 = 3300$	35'	5075	40' 45"
	$bX^5 = 3400$	35'		
	$dX^5 = 6700$	46'		
	$aX^5 = 6900$	47'		
5	$cX^5 = 3300$	35'	5500	42' 12"
	$bX^5 = 3400$	35'		
	$dX^5 = 6700$	46'		
	$aX^5 = 6900$	47'		
	$OX^5 = 7200$	48'		

Secteur S.-S.-E.

Nombre de pompes	DISTANCES	TEMPS	Distance moyenne	TEMPS MOYEN
1	$eX^3 = 2300$	31'	»	»
2	$eX^3 = 2300$	31'	2450	31' 30"
	$dX^3 = 2600$	32'		
3	$eX^3 = 2300$	31'	2900	33'
	$dX^3 = 2600$	32'		
	$CX^3 = 3800$	36'		
4	$eX^3 = 2300$	31'	3225	34' 15"
	$dX^3 = 2600$	32'		
	$CX^3 = 3800$	36'		
	$OX^3 = 4200$	38'		
5	$eX^3 = 2300$	31'	3720	36'
	$dX^3 = 2600$	32'		
	$CX^3 = 3800$	36'		
	$OX^3 = 4200$	38'		
	$BX^3 = 5700$	43'		

Secteur S.-S.-O.

Nombre de pompes	DISTANCES	TEMPS	Distance moyenne	TEMPS MOYEN
1	$dX^4 = 1700$	29'	»	»
2	$dX^4 = 1700$	29'	1950	30'
	$cX^4 = 2200$	31'		
3	$dX^4 = 1700$	29'	2733	32' 40"
	$cX^4 = 2200$	31'		
	$OX^4 = 4300$	38'		
4	$dX^4 = 1700$	29'	3200	34' 15"
	$cX^4 = 2200$	31'		
	$OX^4 = 4300$	38'		
	$bX^4 = 4600$	39'		
5	$dX^4 = 1700$	29'	3600	35' 36"
	$cX^4 = 2200$	31'		
	$OX^4 = 4300$	38'		
	$bX^4 = 4600$	39'		
	$eX^4 = 5200$	41'		

Les résultats du calcul sont rigoureusement confirmés dans la pratique, dépassés pourrions-nous dire, puisque dans les huit secteurs la pompe qui l'occupe arrive plus vite sur le point le plus éloigné de la zone, et que dans six d'entre eux (les secteurs N.-N.-E. et O.-S.-O. font seuls exception) la concentration de deux, trois, quatre ou cinq pompes s'opère en moins de temps que ne l'indique le calcul. Cela tient à ce que les emplacements des pompes à vapeur sont, *à dessein*, plus rapprochés du périmètre que les points théoriques. Nous proscrivons absolument en effet, avec tous les hommes du métier[1], l'emploi des pompes à vapeur pour les feux de maison habitée, sauf les cas d'incendie de la cave aux combles, qui sont sinon impossibles, du moins inconnus à Paris, grâce à notre organisation de petits postes. Évidemment, pour éteindre un incendie, il faut de l'eau; eh bien, dans les feux d'appartement, quand cette eau n'a pas été employée par des hommes auxquels une instruction professionnelle très complète et la pratique de tous les jours ont donné le sang-froid, le coup d'œil et l'habitude des procédés les plus sûrs et les plus rapides, on reconnaît en fin de compte qu'elle a fait plus de dégâts que le feu. En dehors donc de ces cas invraisemblables, nous n'admettons l'intervention des pompes à vapeur que pour les grands feux de chantiers,

---

1. Et surtout avec les compagnies d'assurances !

entrepôts, fabriques, usines, etc., d'accumulations, en un mot, de matières combustibles à propagation rapide. Or chacun sait que c'est à la zone périphérique, et surtout dans les XVIIIe, XIXe, XXe, XIe, XIIe, XIVe et XVe arrondissements que se trouvent ces îlots dangereux. Mais, à l'intérieur de cette ceinture de postes, il n'y a même pas un point qui soit à plus de 2350 mètres de *deux* pompes à vapeur, puisque celui qui est le plus éloigné de l'état-major, Passy, en est à 4700 mètres.

Quelque supérieure que soit cette organisation par rapport à celle qui existe aujourd'hui, elle ne saurait encore nous satisfaire quand nous songeons avec quelle rapidité foudroyante le feu se propage dans certains milieux, et qu'il est possible de faire mieux encore. Augmenter le nombre des pompes à vapeur, c'est bien, cela est nécessaire ; mais il faut en même temps éliminer les deux éléments d'impuissance qui paralysent en grande partie leur action. On verra, à l'article *Attelages,* que nous demandons à avoir les chevaux près des pompes et proposons un système d'abonnement qui garantisse la régularité et la rapidité de la concentration. Quant à la mise sous pression, nous avons institué, dès l'an dernier, des expériences à la suite desquelles nous avons été amené à proposer l'emploi d'une chaudière fixe en tôle d'acier dont l'eau, maintenue pas des brûleurs à gaz (déjà installés) à une pression constante de deux atmosphères, est précipitée dans celle de la pompe à vapeur, revêtue d'une enveloppe isolante, et au moment même où retentit la sonnette d'alarme, au moyen de deux tubes à robinets qui les mettent l'une et l'autre en communication [1]. Grâce à cet appareil, il n'a fallu que 4' aux pompes françaises et 7' aux pompes anglaises pour être sous pression *vingt-cinq minutes* après leur départ de la remise. Presque toutes, et peut-être toutes les pompes du nouveau système devant être françaises, c'est encore de ce chef 9' 30" que nous gagnons. Il y a donc lieu de retrancher 18' de tous les temps du tableau qui précède. Nous ne le ferons point, nous bornant à constater que dans l'hypothèse, absolument invraisemblable d'ici à bien des années, où l'on aurait à concentrer cinq pompes au Point-du-Jour, le temps moyen qui s'écoulerait entre le réception du signal et la première sortie de l'eau (26' 20") serait, même en tenant compte des détours, plus court de 1' 50" que celui qu'il faudrait aujourd'hui aux deux pompes les plus rapprochées l'une de l'autre, Château-Landon et Ménilmontant, pour se réunir sur le milieu de la ligne droite qui les joint et qui n'est que de 2400 mètres !

Si maintenant nous voulons comparer le rôle que

1. Nous avons déposé le 17 décembre 1879 une demande de crédit de 2500 francs, avec devis à l'appui, pour 5 réchauffeurs correspondants aux 5 pompes que nous avions alors en service. — Voir l'appendice, note G.

jouent et l'influence qu'exercent les pompes à vapeur vis-à-vis d'un grand incendie par rapport aux pompes à bras, un calcul très simple va nous permettre de le faire rigoureusement. Supposons que, au moment où le feu est attaqué, les matières en combustion représentent un volume de 30 mètres cubes (chiffre que les incendies du Vieux-Chêne, des rues Emeriau et de Chabrol, de la Lorraine, etc., prouvent être bien au-dessous de la réalité), et prenons encore l'hypothèse la plus favorable, celle où ces matières seraient exclusivement du bois de sapin, dont la puissance calorimétrique est inférieure à celle de toutes les autres substances qui alimentent généralement les incendies.

Ces 30 mètres cubes de bois, à 600 kilogrammes par mètre cube, produisent 59 400 000 calories, exigeant pour être absorbées 92 812 litres d'eau. Cette quantité d'eau est fournie en 18 minutes 12 secondes par 1 pompe à vapeur de première classe (1500 litres à la minute) et 3 pompes de deuxième classe (1200 litres à la minute) manœuvrées par 20 hommes. Il faudrait 22 pompes à bras, nécessitant 396 hommes pour la manœuvre et le relai, plus un nombre indéterminé d'hommes aux chaînes, pour obtenir *théoriquement* ce même débit, sans sa force de projection et de portée.

Théoriquement, avons-nous dit, car il faudrait pour l'obtenir réellement que l'alimentation en eau ne subisse aucun temps d'arrêt, et que la confusion qui résulterait d'une pareille foule ne vînt pas entraver toute espèce de manœuvre. En effet, ce chiffre de 22 pompes du corps en action, qui désarme deux ou trois quartiers pendant toute la durée de l'incendie, n'a été atteint qu'une seule fois depuis que le corps existe, le 21 février 1835, à l'incendie de la Gaieté : *on manœuvra pendant six jours.*

Le prix d'une pompe à vapeur, avec sa voiture de demi-garnitures et ses accessoires, est de 25 000 fr., soit, à 4 0/0, une annuité de .... 1000 fr.

La haute paye annuelle de l'équipe est de. 821 »

L'abonnement d'attelages (chevaux à l'écurie du corps) probablement......... 3000 »

4821 fr.

soit pour 5 pompes 24 105 francs, auxquels il y a lieu d'ajouter 3000 francs comme prix probable de la location d'un poste avec remise et écurie, les 4 autres pompes devant trouver place dans les casernes.

L'organisation du système de défense que nous venons d'exposer augmenterait donc le budget du service d'incendie de 27 105 francs, soit, avec les réparations et le charbon, 30 000 francs par an en chiffres ronds [1]. Si elle était acceptée par le Conseil

1. Nous avons déposé le 24 juin 1879 une demande de crédit de 98 250 francs pour l'achat de 4 (le corps en avait 5 à cette époque) nouvelles pompes à vapeur.

municipal, nos pompes à vapeur fonctionneraient presque aussi souvent à l'extérieur qu'à l'intérieur des fortifications. Les communes suburbaines ne sont pas en effet en mesure, comme la ville de Paris, de saisir à leur début la presque totalité des incendies ; elles renferment, surtout au nord, à l'est et au sud-est, de nombreux établissements industriels, occupant une population ouvrière considérable, et parmi lesquels éclatent fréquemment des sinistres. On n'a pas oublié que dans les six derniers mois notre intervention, dans trois incendies seulement, a sauvé des valeurs énormes, plus d'un million certainement rien qu'à Charenton et Aubervilliers. Toutes ces communes ayant d'ailleurs un bureau télégraphique, la demande de secours mettrait à peine quelques secondes de plus pour arriver au Préfet de police, et par suite au colonel des Sapeurs-pompiers, que si elle partait d'un point de Paris. Dans ces conditions, est-ce qu'il ne serait pas logique et équitable que le budget départemental concourût à l'accroissement de dépenses qui résulterait de cette organisation pour la Ville? Celle-ci paye le matériel, elle paye son entretien, elle paye la solde des équipes ; le département pourrait, ce nous semble, prendre au moins à sa charge la moitié de la haute paye spéciale de ces dernières et des frais de traction.

Extincteurs. — Le service d'incendie de Paris n'emploie aucun de ces appareils, qu'il a persisté jusqu'à ce jour à exclure de son matériel et qu'il n'y admettra jamais que par ordre, tant qu'ils ne satisferont pas mieux aux conditions de sécurité et de puissance que doivent réaliser des engins de cette nature. Si l'extincteur Babcock n'est pas construit sur un modèle différent de ce que nous avons vu à Paris et très supérieur aux appareils qui ont été soumis à notre examen, nous ne pouvons attribuer leur présence dans le matériel d'incendie des grandes villes américaines, où d'ailleurs, ainsi que le donne à entendre le rapport de New-York, on n'en fait ni un cas ni un usage exagérés, qu'à des influences d'industriels que sont obligés de subir les services *civils* des Etats-Unis et que le service *militaire* de Paris sait tenir à l'écart [1]. Nous avons d'ailleurs démontré dans une récente étude [2], par une application rigoureuse des lois de la calorimétrie, combien ces appareils étaient insuffisants pour les services publics, et, tout en reconnaissant leur utilité relative pour les services particuliers, indiqué les moyens de les remplacer sûrement, avantageusement et économiquement dans toutes les villes dont les maisons sont pourvues de colonnes ascendantes.

Dévidoirs à bras. — Nous faisons construire, en prévision de l'augmentation considérable et, il faut l'espérer, prochaine du nombre des bouches d'in-

---

1. Voir l'appendice, note II.
2. *Revue scientifique* du 5 juin 1880, p. 1150.

cendie, de petits dévidoirs composés de deux roues et d'un essieu portant une bobine sur laquelle s'enroulent trois demi-garnitures (120 mètres) pour les dévidoirs de poste, et cinq (200 mètres) pour les dévidoirs de caserne. Les demi-garnitures sont terminées d'un côté par une lance, de l'autre par une pièce de division en cuivre nouveau modèle, à raccord Keyser, qui coiffe la bouche de 100 millimètres et peut recevoir et alimenter deux refoulements (un chapeau mobile, fixé au corps de la pièce par une cnainette, obture la vanne inutilisée lorsqu'il n'y a qu'un seul refoulement). Branché sur une conduite de Vanne, un seul de ces refoulements remplace avantageusement une pompe et demie à deux pompes à bras, suivant la pression, la distance, et avec une portée et une force de projection plus considérables : sur une conduite d'Ourcq, il sert à alimenter les pompes à bras et à éviter les chaînes. La voie a été maintenue assez étroite pour leur permettre de pénétrer par les allées dans toutes les cours intérieures de Paris. Le dévidoir de poste, traîné par un seul homme, est à brancard et pèse 190 kilogrammes ; celui de compagnie, traîné par deux hommes, est à flèche et pèse 260 kilogrammes (l'un et l'autre équipés).

Nous avions entrepris, dans le principe, la construction de ces dévidoirs pour en armer chacun des postes-vigies dont il sera question à l'article *Télégraphie*. Bien que la création de ces postes n'ait point été acceptée, nous avons fait continuer la construction pour alléger, aussitôt que les ressources en eau le permettront, les détachements d'incendie. Il faut en effet prévoir dès à présent le moment où l'accroissement de la population et des constructions dans la zone périphérique, où l'une et les autres sont aujourd'hui plus ou moins clair-semées, nécessitera l'établissement de nouveaux postes auxquels ne suffirait pas l'effectif, non sur le papier, mais réel du corps [1]. Or l'intérêt des finances de la ville et celui d'un commandement déjà très lourd s'opposent également à toute augmentation de cet effectif qui ne serait pas dictée par la plus impérieuse nécessité . Lorsque Paris aura le nombre de bouches de 100 millimètres nécessaires à sa sécurité, d'après les calculs qu'on trouvera à l'article *Eaux*, on pourra supprimer un, peut-être les deux tonneaux du départ d'incendie, et remplacer une de ses pompes par un dévidoir. Cette diminution n'entraînera naturellement pas celle du nombre de sapeurs correspondant, car, indépendamment de ceux qui sont nécessaires à la manœuvre, il faut encore les gymnastes pour les sauvetages. Mais ne diminuât-on chaque départ que de trois hommes, qu'appliquée à douze compagnies cette réduction permettrait de créer six nouveaux postes sans que la ville ait bourse à délier pour le personnel

1. Voy. p. 69.

et le matériel, et autre chose à payer que la location
du local et l'entretien du service télégraphique.

Echelles. — Le matériel du corps comprend deux
échelles réglementaires : l'échelle à crochets, qui
accompagne la pompe à bras, et l'échelle à coulisse,
qui accompagne le chariot d'incendie. La description
et la manœuvre de l'une et de l'autre sont données
dans le *Manuel.* L'échelle à crochets permet aux sapeurs d'arriver en 1 minute 30 secondes au sommet de
la plus haute maison de Paris; l'échelle à coulisse, de
gagner le chapiteau des murs de séparation auxquels
n'atteindrait pas l'échelle à crochets et d'y tenir la
lance. On voit que nous n'avons pas d'équipes spéciales pour les échelles ; et l'on peut dire que ce qui
constitue la grande supériorité du service d'incendie
de Paris, c'est précisément de réunir dans un seul
détachement de trente et un hommes tous les éléments de sauvetage des personnes et des choses dont
l'exercice journalier constitue son instruction professionnelle, à la seule exception des pompes à vapeur.

Cependant il existe à Paris quelques bâtiments à
caractère monumental dont l'élévation exceptionnelle
des étages et la forme des baies permettraient difficilement ou même ne permettraient pas aux sapeurs
de gagner les combles avec l'échelle à crochets. Ces
bâtiments sont souvent inhabités, il est vrai, et de
plus les escaliers et les dégagements sont généralement très larges. Il n'en est pas moins vrai qu'acciden-

tellement une ou plusieurs personnes pourraient se trouver cernées par le feu dans les mansardes d'un de ces édifices ; ce fait ne se produisît-il qu'une fois en dix, en vingt ans, qu'il y aurait lieu de s'en préoccuper, car le service d'incendie de Paris n'a pas le droit de rester désarmé quand il s'agit d'une seule vie humaine. D'autre part, il y aurait souvent lieu de créer, à défaut de postes naturels, des postes artificiels desquels on pût diriger sur un incendie des jets de haut en bas, incomparablement plus efficaces que ceux de bas en haut; voilà donc la question des échelles aériennes posée. Mais c'est une question autrement complexe que ne s'en doutent les personnes étrangères au métier : on en va juger.

Il en est un peu des échelles comme des extincteurs ; on ne se doute guère du nombre d'inventions qui nous sont soumises et des recommandations quelquefois presque comminatoires qui les accompagnent, sans l'ombre, avons-nous besoin de le dire, du moindre succès ! Les terribles accidents arrivés aux Etats-Unis, et que nous avons reproduits d'après un capitaine de pompiers américain, nous imposent le devoir d'éprouver avec la plus sévère attention la solidité absolue de l'engin qu'on nous propose, tant dans l'intérêt de nos sapeurs que dans celui des personnes dont il peut être appelé à opérer le sauvetage, car il est inutile d'arracher des gens aux flammes pour les laisser se broyer sur le pavé. La stabilité d'une échelle qui doit porter à son extrémité *non appuyée* un poids assez lourd exige un pied d'un volume et d'un poids relativement considérable. Ce volume est un premier obstacle à son passage dans beaucoup de rues et à son entrée dans les cours intérieures. Il faut en effet se rappeler que les villes des Etats-Unis ne ressemblent en rien à celles de France : ce sont des villes neuves, bâties géométriquement, dont les rues, se coupant presque toutes à angle droit, ont une largeur qui dépasse celle de nos plus grandes artères. Les voitures d'échelles y circulent donc avec une facilité qu'elles ne sauraient rencontrer à Paris, et cependant les accidents aux tournants des rues y sont fréquents. Quant au poids, il a pour première conséquence d'exclure la traction à bras et de nécessiter des attelages. Or, du moment où il s'agit de sauvetages de personnes, il faut aller autrement vite que lorsqu'il s'agit de dégâts matériels ; les échelles devraient nécessairement arriver avant les pompes à vapeur, et l'on a vu à propos de ces dernières, comme on le verra encore à l'article *Attelages*, à quel point le service d'incendie est immobilisé, dans les cas graves, par l'insuffisance des moyens mis à sa disposition ! Avant de demander l'utile possible, nous avons le devoir de demander le nécessaire certain ; avant des échelles dont on pourra avoir à se servir, mais dont on ne s'est encore jamais servi, des pompes à vapeur, dont nous avons démontré que l'action et le service croîtraient en proportion directe de leur nombre. Quand l'organisation de ces dernières sera achevée, celle des échelles nous trouvera prêts ; nous serons les premiers à stimuler les inventeurs et à provoquer l'adoption d'un modèle, s'il nous était présenté, qui satisfît mieux au double but à atteindre que celui que le corps a en sa possession.

Ce modèle est celui de M. Paolo Porta. Cinq de ces échelles furent achetées en 1870 par le gouvernement, puis passées au service d'incendie. Trois ont été réformées, il en reste deux ; aucune d'elles n'a jamais servi ! Et elles ont coûté 4000 francs pièce !

C'est que, si l'échelle Porta remplit probablement mieux que toute autre la condition d'une solidité à toute épreuve, elle nécessite, lorsqu'elle est rendue à pied d'œuvre, un espace libre de 35 mètres de longueur pour être montée et un temps de 12 à 13 minutes. Tous les habitants d'un comble auraient le temps d'être brûlés avant que cet engin pût leur porter secours [1] ! Une échelle télescopique, c'est-à-

---

1. Dès 1868, une commission d'officiers du régiment avait été chargée d'étudier l'échelle Porta. Nous croyons devoir reproduire ici les parties principales de son rapport, où la description de l'échelle Porta et les conclusions de la commission sur la valeur technique de cet engin sont accompagnées de considérations sur les échelles aériennes, qui peuvent être considérées comme le programme des conditions auxquelles les inventeurs et constructeurs de ces engins ont à satisfaire :

« L'échelle aérienne destinée aux sauvetages par M. Porta se compose de deux parties principales : l'échelle proprement dite, et le chariot, qui en est la base et le moyen de transport.

« L'échelle totale est formée de dix petites échelles en bois

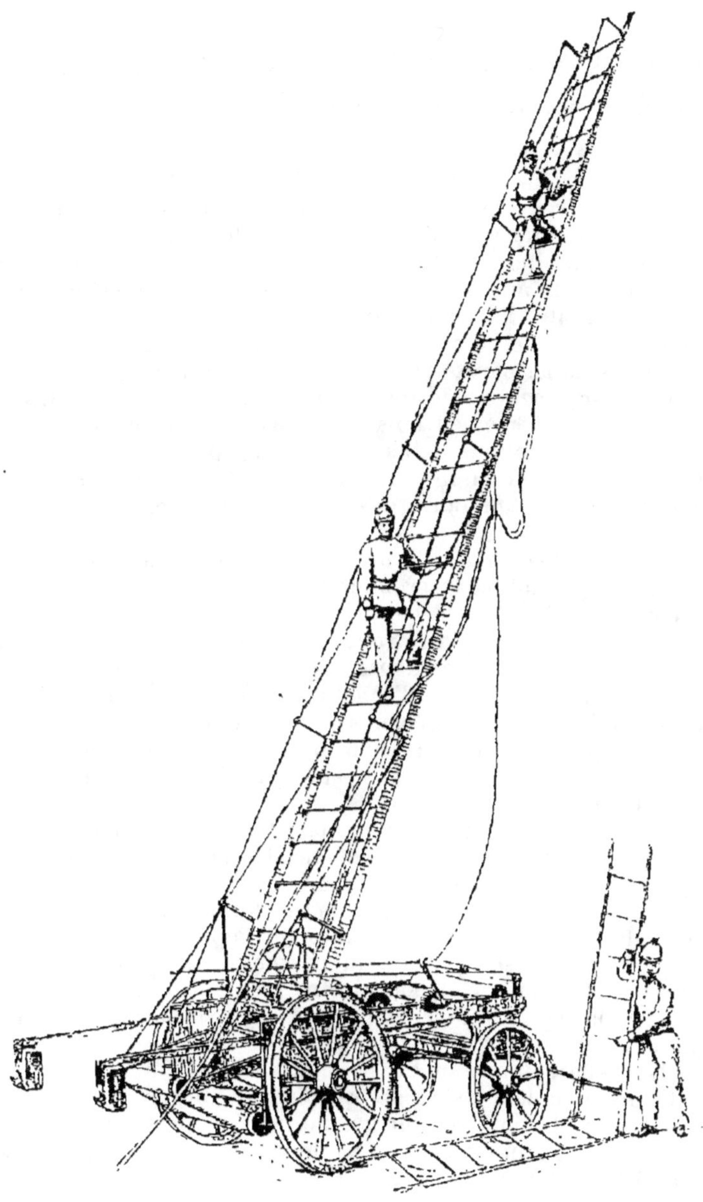

Fig. 3.

dire dont toutes les sections sont renfermées dans un
fourreau cylindrique en tôle fixé sur un chariot, et en

garnies latéralement et à leurs extrémités supérieures de deux
tiges en fer creux, placées verticalement sur les montants ; ces
différentes sections de l'échelle principale sont construites de
façon à s'emboîter exactement l'une dans l'autre et sont reliées
entre elles : 1° au moyen de traverses en bois que l'on passe
entre les agrafes fixées aux extrémités de ces sections ; 2° par
des tringles en fer creux, les unes horizontales, réunissant les
extrémités supérieures des tiges, les autres diagonales, reliant
la partie supérieure des tiges d'une échelle aux montants de
l'autre. Ces traverses en bois et ces tringles en fer empêchent
les différentes sections de l'échelle de se replier l'une sur l'autre
et donnent à l'ensemble du système une rigidité absolue ; les
premières servent en outre d'échelons et les secondes de rampe
à l'échelle.

« Avant d'être élevée, l'échelle est placée suivant l'axe longi-
tudinal du chariot, et la première de ses parties repose presque
en entier sur lui.

« Le chariot est à quatre roues et de forme ordinaire ; il est
garni de treuils, de roues dentées, de chaînes et de cordages, de
manière à pouvoir élever l'échelle par un simple mouvement
de manivelles. Pour empêcher l'échelle établie horizontalement
d'enlever par son poids le chariot, on a adapté à l'arrière de
celui-ci deux contrepoids qui permettent de neutraliser le poids
de l'échelle.

« L'inventeur a ajouté à son appareil un complément qui lui a
paru nécessaire pour le sauvetage des personnes qui ne seraient pas assez valides pour descendre sur l'échelle même ; à
cet effet, il adapte à l'échelon supérieur une poulie sur laquelle
s'enroule une corde à l'extrémité de laquelle est attaché un
sac en toile. Ce sac, dirigé au moyen de deux commandes,
sera hissé facilement et pourra être introduit dans la pièce où
doit se faire le sauvetage, et par suite recevoir aisément la personne à sauver.

« L'échelle soumise aux expériences de la commission représente une longueur de 23 mètres environ ; et, en y ajoutant la
hauteur du chariot, on voit qu'elle peut, étant dressée verticalement, servir à monter à une hauteur totale de 24 à 25 mètres.
Mais il faut reconnaître que cette hauteur peut être augmentée
au moyen d'une échelle supplémentaire, et qu'on pourra atteindre l'élévation de 30 mètres indiquée par l'inventeur.

« Les dimensions principales du chariot sont : largeur de la

émergent successivement ou y rentrent sous l'action
d'une manivelle, comme les tubes d'une longue-vue,

voie, 2 mètres ; longueur du chariot sans la flèche et les contrepoids, 4 mètres ; avec les contrepoids seulement, 6 mètres, et
avec la flèche et les contrepoids, 8 mètres ; le poids total est
d'environ 2500 kil.

« Pour se servir de l'échelle aérienne, et en admettant que
les diverses sections de l'échelle soient placées l'une sur l'autre
et sur le chariot, on opère de la manière suivante :

« Toutes les sections sont retirées, à l'exception de la première, et placées successivement à terre dans l'axe du chariot
et dans l'ordre qu'elles doivent avoir dans l'échelle, on emboîte
la deuxième section dans la première, on les réunit par la traverse en bois et par les tringles en fer creux, que l'on assujettit
au moyen de clavettes en fer ; puis on relie la troisième section
à la deuxième, de la même manière, et ainsi de suite. Il faut
avoir soin, dans cette opération, de prendre la traverse et les
tringles qui conviennent à la section qu'on doit mettre en
place; et enfin on ne doit pas oublier de tirer les contrepoids
qui sont placés à l'arrière du chariot, afin que l'échelle soit
toujours équilibrée.

« Lorsque l'échelle est établie horizontalement, il suffit de
mettre en manœuvre le système de traction et de rotation
adapté au chariot, et l'échelle prendra successivement toutes
les inclinaisons, jusqu'à devenir perpendiculaire au plan du
chariot. Cette manœuvre doit être faite par six hommes au
moins.

« Avant d'exposer le résultat des expériences faites devant la
commission, nous dirons en quelques mots quelles sont les
conditions qui nous paraissent devoir être remplies par tout
appareil de sauvetage, et nous examinerons si ces conditions
sont suffisamment remplies par l'échelle Porta :

« 1° Toutes les parties doivent être reliées entre elles, de manière à former un tout indépendant.

« 2° L'ensemble de l'appareil doit offrir des garanties de sécurité aussi complètes que possible, pour l'opérateur et pour la
personne à sauver.

« 3° La charge doit pouvoir être prise au point le plus élevé de
la maison, reçue sans ponts supplémentaires et déposée directement sur le sol.

« 4° La manœuvre doit être simple, rapide et ne pas exiger la
présence d'hommes spéciaux.

« 5° L'action de l'appareil doit être indépendante des accidents

inventée par M. Smitter, semble très ingénieuse.
Comme les divers éléments en sont liés les uns aux

de terrain et des saillies qui peuvent se présenter sur la façade
d'un édifice.

« 6° Les dimensions de l'appareil doivent être telles qu'il puisse
être employé dans toutes les circonstances et facilement traîné à
bras au point où doit se faire le sauvetage.

« La commission s'empresse de reconnaître que toutes ces
conditions, à l'exception de la 4e et de la 6e, sont remplies de la
façon la plus remarquable par l'échelle de M. Porta. Il est in-
contestable en effet que si cet appareil effraye au premier abord
par sa hardiesse, par son absence de point d'appui, par la hauteur à laquelle il permet d'atteindre, il offre en réalité des garanties de sécurité aussi grandes qu'il est permis de le désirer.
La liaison entre toutes les parties est telle que l'ensemble en
est presque aussi rigide qu'une échelle en bois, de dimension
ordinaire; avec cet appareil, on pourra atteindre le sommet des
maisons les plus élevées de Paris ; le sac de sauvetage permettra de prendre la personne à sauver dans la pièce même où
elle se trouve et de la déposer directement sur le sol. L'action
de l'échelle est absolument indépendante des accidents de terrain : elle peut prendre en effet des positions inclinées qui
permettront aux Sapeurs-pompiers de faire des sauvetages ou
d'agir sur un foyer d'incendie en passant par-dessus des maisons d'un et même deux étages. Enfin, comme cette échelle
est aérienne, c'est-à-dire sans aucun point d'appui à sa partie
supérieure, il n'y aura pas à se préoccuper de la solidité de
l'appui des fenêtres, des balcons ou de toute autre partie de
l'édifice.

« Il est donc certain que, lorsque l'échelle de M. Porta aura
été amenée sur le lieu d'un incendie et lorsqu'elle aura pu être
dressée, aucun des appareils de sauvetage connus jusqu'à ce
jour n'offrira les mêmes conditions de sécurité, de facilité, et
que par conséquent partout où elle sera disposée à poste fixe
et où les sauvetages pourraient présenter de graves difficultés,
comme dans les hôpitaux, les lycées, etc., elle ne pourra que
rendre les meilleurs services.

« Malheureusement, ces remarquables qualités sont amoin-
dries par des défauts qui ont attiré l'attention de la commission,
qui a dû surtout se préoccuper de l'emploi de ces appareils
par le corps des Sapeurs-pompiers.

« Le chariot et l'échelle pèsent ensemble environ 2500 kilogrammes : on ne peut donc admettre que, dès qu'il faudra trans-

autres et qu'il n'y a plus qu'à les développer, on gagnerait tout le temps consacré à monter l'échelle

porter l'échelle à des distances même peu considérables, il ne faille recourir à l'emploi des chevaux. L'adoption de l'échelle Porta par les corps de Sapeurs-pompiers entraînerait donc l'acquisition de chevaux, la construction d'écuries dans les casernes, et enfin la présence d'hommes spéciaux pour soigner et conduire les chevaux [*].

« D'autre part, nous avons vu qu'avant de dresser l'échelle il était nécessaire d'en réunir horizontalement les diverses parties; il faudra donc toujours avoir devant soi un terrain libre et d'une longueur égale au moins à la hauteur de la maison qu'il faut escalader. Si l'on doit opérer dans une rue, on n'aura qu'à mettre l'axe du chariot selon l'axe de la rue et, quand l'échelle sera dressée, à lui faire faire un quart de conversion. Mais, si l'on doit opérer dans une cour, elle devra avoir au moins 20 à 22 mètres pour que l'échelle puisse être établie, et il est bien certain que cette dimension est exceptionnelle à Paris, et qu'en conséquence l'échelle Porta ne pourrait être employée dans la plupart des cours des maisons.

« La longueur totale du chariot, en y comprenant la flèche et les contrepoids, est d'environ 8 mètres ; on ne pourra donc opérer dans toutes les rues qui n'auraient pas au moins cette largeur. Elles sont, il est vrai, des exceptions dans Paris; mais ces exceptions sont encore assez nombreuses pour qu'il en soit tenu un grand compte.

« Dans les expériences qui ont été faites devant elle, la commission a reconnu que l'établissement vertical de l'échelle ne pouvait se faire en mois de 12 à 13 minutes ; et, si à ce temps on ajoute celui qui sera indispensable pour l'installation du sac en toile, il est certain que le sauvetage ne pourra se faire que 17 ou 18 minutes après l'arrivée du chariot.

« Ce temps est considérable, dans des circonstances où chaque minute a une valeur inappréciable.

« Nous avons vu que pour réunir deux sections entre elles on se servait de traverses en bois et de tringles en fer creux ;

[*] Rappelons que ceci était écrit en 1868, c'est-à-dire alors que le corps n'avait pas de pompes à vapeur. Les objections à l'adoption des échelles aériennes, tirées des difficultés de locomotion, n'existent donc plus aujourd'hui ; c'est une question de quelques attelages en plus, voilà tout. Mais, comme on le voit, il en reste d'autres, que la suite du rapport va mettre en évidence.

Porta, et de plus on pourrait l'utiliser dans toutes les cours où pourrait entrer le chariot. Mais l'inventeur ne nous en a présenté qu'un modèle au 1/40, si nous l'avons bien compris, et nous ne pouvons engager les finances de la ville par notre approbation à un engin qui coûterait de 4 à 5000 francs sans l'avoir vu construit de toutes pièces et complètement expérimenté.

Bateau à vapeur. — Il n'existe point de pompe à vapeur flottante à Paris, et nous ajouterons qu'il n'y en a pas besoin. A coup sûr, un engin aussi puissant rendrait de signalés services dans un grand incendie éclatant sur les quais; mais le cas s'en présente beaucoup trop rarement pour justifier les frais considérables dans lesquels entraîneraient son achat et son

---

ces traverses et ces tringles varient suivant les sections qu'on doit réunir. Les premières sont numérotées pour éviter des erreurs, mais il est à craindre que la nuit, au milieu du désordre et de l'émotion qui accompagnent les incendies, on ne commette des erreurs qui se traduiront par des pertes de temps, et peut-être même par des accidents. On ne doit pas oublier en effet que, pour atteindre une hauteur de 20 à 25 mètres, il faudra mettre en place 8 ou 10 traverses, 30 ou 40 tringles, 18 ou 20 clavettes, que chacune de ces pièces a dans l'ensemble une place déterminée et immuable, et qu'en oubliant de placer une seule de ces clavettes on compromet la solidité de tout le système.

« En résumé, la commission à l'unanimité, et tout en reconnaissant que l'échelle Porta représente par ses qualités de sécurité, de hardiesse de conception, par sa construction simple et ingénieuse, par la facilité de la manœuvre, un avantage réel sur la plupart des autres appareils de sauvetage, ne croit pas que dans son état actuel elle puisse faire partie du matériel des Sapeurs-pompiers. »

entretien. Il en serait tout autrement le jour où des travaux de canalisation permettraient aux navires qui s'arrêtent aujourd'hui à Rouen de venir, au moins ceux qui ne sont pas d'un trop fort tonnage, jusqu'à Paris.

Attelages. — La traction des pompes à vapeur et de leurs dévidoirs a été assurée jusqu'à ce jour au moyen d'un marché passé avec la Compagnie des omnibus pour une somme annuelle de 10 000 francs, soit 1000 francs par attelage. Les chevaux et leurs conducteurs devaient être constamment prêts dans le dépôt de la Compagnie le plus voisin de la remise de pompe à vapeur, qui était reliée télégraphiquement à ce dépôt. On a vu les résultats dus à ce système par trop primitif. La Compagnie des omnibus ayant résilié son marché le 15 mai dernier, à la suite de la suppression d'une des pompes à vapeur, le service se fait aujourd'hui par voie de réquisition, à raison de 60 francs pour quatre chevaux et deux conducteurs; ce système est encore plus mauvais que le précédent, parce que la Compagnie, n'étant plus liée par un marché, n'est pas tenue d'avoir des chevaux frais en réserve et nous donne ce qu'elle a sous la main au signal; et, de plus, il coûtera beaucoup plus cher à la ville que l'ancien[1].

1. Au point de vue de la célérité du service, on a vu, dans la note (p. 91) relative à l'incendie du Pavillon de Flore, les résultats de cette mesure.

A celui de l'économie, les déboursés s'élèvent, aujourd'hui

7.

Nous avons remis le 9 avril à l'administration un projet de cahier des charges pour une nouvelle adjudication du service, dans lequel, rompant avec les anciens errements, nous demandons que les chevaux soient en permanence, harnachés et équipés, près de la pompe, dans une écurie à construire, si elle ne l'est déjà. Pour une fourniture de 16 chevaux, nous n'avons point encore osé imposer des conducteurs du corps, ce qui serait infiniment préférable au point de vue de la discipline et de l'obéissance à obtenir. Mais si un jour la ville a les 9 pompes à vapeur dont nous avons démontré la nécessité et les bouches d'incendie dont nous parlerons à l'article *Eaux*, voici comment nous proposerions d'organiser le service :

2 pompes de 1re classe exigent 8 chevaux, et 7 pompes de 2e classe 21 ; total : 29. L'entrepreneur serait tenu d'avoir pour le service d'incendie $29 \times 3 = 87$ chevaux qui viendraient à tour de rôle passer 6 heures dans l'écurie du corps. Ils seraient donc alternativement 6 heures à notre disposition et 12 à celle de l'entrepreneur. Que les chevaux aient ou non marché au feu, l'entrepreneur pourra les utiliser pendant les six premières heures de cette seconde période : car, en admettant qu'ils soient sortis, ils n'auront fourni qu'une course, très dure il est vrai, mais en

10 octobre, à 8480 fr. et nous sommes à peine au début de l'hiver. Les 10,000 fr. refusés au Préfet de police seront donc, selon toute probabilité, largement dépassés.

(*Note ajoutée pendant l'impression.*)

somme de peu de durée, et qui ne diminuerait en rien leur capacité de travail pendant cette seconde période. Il serait par contre indispensable qu'ils soient complètement au repos pendant les six heures qui précéderaient leur retour à la remise : une surveillance serait exercée à cet effet par le corps dans l'écurie de l'entrepreneur. Ce dernier pourrait faire soigner ses chevaux par des hommes à lui dans celles du régiment ; mais ils seraient conduits sur les pompes et dévidoirs par des sapeurs.

Il est bien évident que ce marché ne pourrait être passé qu'avec un entrepreneur ayant déjà la fourniture de grandes administrations ; mais il n'en manque point à Paris. Nous sommes, en principe, tout à fait opposé à la gestion directe par la ville, qui devrait avoir au moins 58 chevaux et 27 conducteurs, pour que le service restât assuré pendant la promenade des chevaux. Leur achat, leur nourriture et entretien, celui des harnachements, le renouvellement des uns et des autres, les accidents, etc., tout cela l'entraînerait certainement dans des dépenses bien supérieures à celles du système que nous proposons.

Télégraphie. — Le réseau télégraphique d'incendie, commencé le 1ᵉʳ septembre 1871, a été terminé le 8 mai 1880. Tous les petits postes sont reliés avec la caserne de laquelle ils dépendent, et chacune de ces dernières avec le bureau télégraphique du colonel,

qui communique encore avec la préfecture de police,
l'administration des eaux, celle des télégraphes et l'assistance publique. Le développement des fils, tous souterrains et suivant les égouts [1], est de 231 kilomètres.
L'appareil employé est le télégraphe à cadran. Tous
les sapeurs sans exception y sont exercés; les moniteurs, au nombre de 12, reçoivent une haute paye
de 0 fr. 75 par jour; les sous-moniteurs, en même
nombre, une haute paye de 0 fr. 25. Une lacune existe
dans ce réseau : les théâtres, sauf l'Opéra, n'y sont
pas reliés. Un incendie de théâtre est une chose tellement grave, le sinistre peut atteindre des proportions
tellement effrayantes, surtout au point de vue des vies
humaines (que l'on se rappelle le théâtre de Dublin,
celui des Arts à Rouen, et tant d'autres), que nous
attendions avec impatience le moment où le dernier
de nos postes serait mis en communication avec nous
pour signaler à l'administration la nécessité de relier,
par un simple avertisseur, les théâtres de l'État (Français, Odéon, Opéra-Comique) et ceux de la ville (Gaîté,
Châtelet, théâtre des Nations) à la caserne la plus
prochaine et à nous, lui laissant le soin de décider s'il
y aura lieu d'imposer cette mesure aux propriétaires
ou directeurs des autres théâtres. Un projet dans ce
sens, avec devis, a été déposé le 2 juin dernier; il comporte 9050 mètres de longueur de fil, une dépense de

1. Sauf 2 kil. 539 aériens.

première mise de 7988 francs, et d'entretien annuel de 665 francs. L'entretien du réseau actuel est de 21 188 francs 44.

Il n'existe point de boîtes d'alarme à Paris. Nous avons déjà traité sommairement cette question dans une précédente étude [1] ; nous croyons devoir y revenir aujourd'hui avec plus de détails.

En juillet 1876, un M. Rollins, de New-York, proposa au préfet de la Seine l'installation, à Paris, du système de boîtes d'alarme qu'il avait établi dans les principales villes de l'Union. Celui de nos prédécesseurs à l'examen duquel cette proposition fut renvoyée par l'Administration émit un avis favorable pour le principe, défavorable pour le système Rollins, et parce que son application aurait coûté à la ville, de l'aveu même de l'inventeur, de 1 800 000 à 2 500 000 francs, et parce qu'il expérimentait à ce moment même, mais tout officieusement, un appareil construit par M. Petit, contrôleur des lignes télégraphiques attaché au service de la Ville, et qui semblait promettre des résultats au moins aussi bons à beaucoup moins de frais.

Sur ces entrefaites, l'étude de cet avertisseur fut officiellement recommandée au corps par le Conseil municipal. En conséquence, il continua ses études, y joignit celle des différents systèmes employés à l'étran-

---

1. *Revue scientifique* du 24 janvier 1880, p. 695.

ger, et profita de l'Exposition de 1878 pour l'expérimenter pratiquement.

Cette épreuve fut décisive. L'avertisseur Petit se montra excellent, comme l'avait très justement pressenti l'auteur de la proposition au Conseil municipal, « pour mettre en communication rapide de grands établissements publics ou privés et d'importante usines avec un poste ou une caserne de Sapeurs-pompiers [1], » parce qu'à un bout du fil il y a un sapeur-pompier et à l'autre un employé *responsable et salarié;* il devient plus qu'inutile, il est dangereux quand il est manié par des gens inexpérimentés et indépendants, et accessible à de mauvais plaisants ou aux malfaiteurs. On a vu d'ailleurs, dans le rapport de New-York, les mécomptes qui avaient accompagné les débuts de cette installation, et la complication du système, qu'accepterait probablement avec quelque difficulté la population parisienne, auquel on avait été obligé de recourir pour en obtenir des résultats satisfaisants.

1. Cette mesure a commencé à recevoir, sur notre proposition, son application cette année. Un certain nombre de grands industriels et de gares de chemin de fer se sont fait relier avec la caserne ou le poste de pompe à vapeur le plus voisin ; le système d'avertisseur ne comportant d'autre communication que les signaux de feu et de demande de secours, la taxe a été réduite de moitié par le ministre. Nous pensons que ces fils, étant d'intérêt public presque autant que d'intérêt privé, auraient pu en être complètement dégrevés, d'autant plus que leur établissement (750 francs par kilomètre) et leur entretien (60 francs par an et par kilomètre), l'un et l'autre aux frais des intéressés, constituent déjà une dépense considérable.

Le service d'incendie de Paris s'arrêta en conséquence à un système analogue à celui de Hambourg,
dont l'organisation défensive contre le feu, depuis la
leçon de 1842, peut sur beaucoup de points être donnée
comme modèle. De même que toutes les villes qui
ont un service d'incendie civil, quoique permanent,
c'est-à-dire cher et à peu près indépendant, Hambourg est obligé de restreindre le nombre de ses
postes pour pouvoir les faire commander par un
employé ayant une surface et un grade qui lui donnent une autorité suffisante. Dans cette ville de
300 000 âmes et de plus de 1000 hectares de superficie habités, il n'y a que 5 postes (*Feuerwache*),
mais auxquels sont reliés 46 *Sprechstation* ou postes
d'un seul télégraphiste, et 50 *Meldestation* ou cloches
d'alarme accessibles au public. Partant donc de ce
principe que la grande supériorité de sécurité contre
le feu dont jouit Paris est due à la dispersion de son
personnel, et que dès lors il y avait lieu de pousser
cette dispersion jusqu'aux dernières limites du possible, tout en conservant des réserves puissantes en
hommes et en matériel pour jeter sur un grand incendie ; que d'autre part l'action *instantanée* d'un petit
poste n'est assurée que dans un rayon de 600 mètres,
en raison de l'impossibilité où se trouvent les hommes
les plus vigoureux de faire parcourir une distance
plus longue à une pompe pesant 565 kilogrammes au
pas gymnastique de 200 mètres à la minute, il dé-

crivit, de chacun de ses petits postes et de chacune de ses casernes comme centres, des circonférences de 500 mètres (pour tenir compte des détours) de rayon ; et, là où ces circonférences ne se rencontraient pas, il proposa d'installer dans la zone intermédiaire un poste-vigie de sapeur avec télégraphe à cadran. Il arriva ainsi à 39 postes-vigies de sapeur, dont l'établissement aurait entraîné la suppression de trois ou quatre postes d'un caporal et trois hommes que l'on ne peut abandonner complètement, et qui sont cependant tellement voisins d'autres postes que leur maintien, à cet effectif, constitue une véritable superfétation et charge inutilement le service.

Aujourd'hui, quand un feu est signalé à un petit poste, le caporal part avec sa pompe et ses trois sapeurs ; mais, dès qu'il a reconnu le feu, le télégraphiste retourne au poste pour renseigner la caserne, le colonel, et demander du secours s'il y a lieu. Dans certains quartiers, cette course de retour, si à toutes jambes qu'elle soit faite, peut demander plusieurs minutes, et c'est cependant à ce moment que les minutes valent des heures.

L'économie du système proposé est celle-ci :

On annonce le feu à un poste-vigie. Le sapeur le signale immédiatement, *avec l'adresse précise du lieu,* au poste ou aux postes les plus voisins, puis il se rend à toute vitesse sur le lieu du sinistre pour le reconnaître, commencer à l'attaquer professionnellement *et faire, s'il y a lieu, les sauvetages de personnes,* ce qui est déjà un avantage de premier ordre. A la sonnerie, le ou les postes appelés partent à fond de train, mais après avoir, au préalable, *établi la communication directe entre le télégraphe du poste-vigie et celui de la caserne.* Il en résulte que, après la reconnaissance du caporal, son télégraphiste, au lieu d'être obligé de retourner à son poste pour renseigner la caserne et le colonel, va au poste-vigie et gagne ainsi un minimum de 300 mètres ou 1'1/2, ce qui est inappréciable. Ajoutons que l'adoption de l'avertisseur Petit nécessiterait une première mise de 1 243 000 francs et une dépense annuelle d'entretien de 174 300 francs, tandis qu'avec le système des postes-vigies ces deux dépenses se réduisent respectivement à 161 980 et 46 067 francs.

Voilà pour le côté professionnel de la question ; mais sa simplicité, sa sûreté et son économie n'avaient pas été les seules raisons déterminantes de notre choix ; nous y avions été aussi amené par des considérations d'un ordre plus élevé.

Lorsqu'on regarde un plan de Paris sur lequel on a marqué l'emplacement des postes de Sapeurs-pompiers (carte n° II), on est frappé de leur densité dans la partie centrale de la ville et de leur extrême éloignement les uns des autres dans la zone périphérique. Le tableau ci-dessous traduit en chiffres cette impression, en donnant pour chaque arrondissement le nombre de postes, la surface totale, la surface revêtue de constructions, et le rapport de la première quantité à chacune des deux autres ; on y voit qu'en moyenne et en chiffres ronds il y a, dans les 11 arrondissements du centre (avec 7 casernes) un poste de Sapeurs-pompiers par 55 hectares, et dans les 9 arrondissements de la périphérie (avec 4 casernes) un poste par 128 hectares seulement.

ARRONDISSEMENTS	NOMBRE DE POSTES	SUPERFICIE		ÉTENDUE DE LA ZONE PROTÉGÉE PAR UN POSTE EN SUPERFICIE	
		totale.	construite.	totale.	construite.
1	5 (1)	190	93ʰ12 45	38ʰ	18ᵇ62 49
2	2	97 50	71 52 17	48 75	35 76 08
3	3	116	86 45 88	38 66 66	28 81 96
4	5	156 50	90 70 08	31 30 00	18 14 01
5	4	249	160 00 08	62 22 22	40 00 02
6	3	211	135 08 70	70 33 33	45 02 90
7	8	403	275 28 47	50 37 50	34 41 06
8	6	381	232 00 58	63 50 00	38 66 79
9	4	213	160 84 56	53 25 00	40 21 14
10	3	286	223 79 96	95 33 33	74 59 98
11	6	361	288 87 70	60 16 66	48 14 61
12	4	568	433 84 25	142	108 46 06
13	7	625	506 30 38	89 28 57	72 32 91
14	3	464	349 82 37	154 06 66	116 60 75
15	4	721	594 37 23	180 25 00	148 59 30
16	4	709	513 74 88	177 25 00	128 43 72
17	4	445	336 74 24	111 25 00	84 18 56
18	5	519	412 80 94	103 80 00	82 56 19
19	6	566	476 81 12	94 33 33	79 36 85
20	5	521	415 80 26	104 20 00	83 16 03

1. Non compris le poste du pavillon de Flore, qui n'est que provisoire et ne sort pas.

Cette densité de moyens de surveillance et d'action, au centre de la ville, est nécessaire. C'est en effet là qu'indépendamment d'immenses magasins particuliers, de grands bâtiments de l'État (Ministères, Sénat, Chambre des députés, Imprimerie nationale, etc.) et de la Ville (Hôtel de Ville, Mont-de-Piété, Magasins généraux, Halles centrales, etc.), se trouvent encore la Banque de France et les richesses artistiques (Musées de Cluny, du Luxembourg, du Louvre, etc.) ou littéraires et scientifiques (Bibliothèque nationale, Institut, etc.), qui sont le patrimoine de la nation et qu'il faut, coûte que coûte, lui conserver. Mais, s'il est rationnel que le centre de Paris soit aussi bien gardé, il ne l'est plus du tout que la zone périphérique le soit aussi peu quand on peut faire autrement, car l'ouvrier qui apprend à l'usine que ses enfants et son petit avoir sont devenus la proie des flammes, le débitant qui voit sa maison détruite par le feu sont aussi atteints dans leurs affections et plus dans leur fortune que le propriétaire d'un grand immeuble incendié au cœur de la ville, toujours assuré, quand les autres ne le sont pas. Une combinaison qui à peu de frais et sans augmenter l'effectif du corps mettait, dans une juste mesure, les secours professionnels [1] à la portée des

1. « Les Sapeurs-pompiers de tous grades qui, sans être de service, apprennent en ville l'existence d'un incendie, doivent... s'il éclate dans les environs du point de Paris où ils se trouvent, s'y transporter, disposer les premiers secours et faire, par un moyen quelconque, prévenir la caserne ou le poste le plus

déshérités comme à celle des favoris de la fortune, était donc non seulement une solution technique, mais encore une mesure démocratique et humanitaire.

Ce projet portait la tache originelle; il n'a point été accepté : nous n'avons eu qu'à nous incliner. Il n'a été remplacé par rien, et pour cause : ceci, nous le regrettons. Il suffit de jeter un coup d'œil sur les cartes II et III, dans lesquelles la partie teintée représente la surface non protégée de Paris actuellement, et après l'établissement de postes-vigies, il suffit surtout de se reporter à la statistique des deux dernières années pour comprendre que les arrondissements extérieurs ne sauraient rester plus longtemps dépourvus de moyens efficaces de protection, sacrifiés à des questions de personnes, et que leur situation exige une solution, quelle qu'elle soit, à bref délai.

rapproché. » (Consigne spéciale pour le service d'incendie, § 11, p. 210 du *Manuel.*)

Tous les ans, un certain nombre d'incendies sont éteints ou des sauvetages faits par des sapeurs en promenade aux environs du sinistre : lorsque le poste arrive, il trouve la besogne faite et n'a plus qu'à rebrousser chemin. C'est cette augmentation de sécurité, due à la présence fortuite d'un *seul* homme, mais d'un spécialiste, que notre système avait pour but et pour effet de donner en permanence à toute la partie de Paris qui en est actuellement privée.

| ARRONDISSEMENTS | | ARRONDISSEMENTS | |
| DE 1 A XI INCLUS | | DE XII A XX | |
Nombre de feux.	Dégâts.	Nombre de feux.	Dégâts.
1155	4 693 838 fr.	498	5 538 107 fr.

Eaux. — Le tableau ci-dessous donne l'énumération, la capacité et l'altitude, par nature d'origine, des
aqueducs et réservoirs d'eau qui alimentent la canalisation parisienne, et la carte IV en fait connaître
l'emplacement.

ORIGINE	DÉSIGNATION DES AQUEDUCS ET RÉSERVOIRS		CONTENANCE	VOLUME TOTAL	ALTITUDE DU TROP-PLEIN
	Aqueduc de ceinture.	Bassin de la Villette.	500 000 m. c.		52m
		Regard du chemin de ronde.	50 000		id.
		Regard de la Corderie.			id.
Ourcq	Réservoir Monceau.		9 980	588 550 m. c.	id.
	— Saint-Victor.		6 995		48m 11
	— Racine.		3 840		46 81
	— de Vaugirard (6e arrondissement).		8 935		48 29
	— des Buttes-Chaumont.		8 800		96 90
	— du Panthéon.		3 800		66 24
	— de Gentilly.		5 930		82 10
	— de Passy (petit).		2 325		74 10
Seine.......	— de Passy (grand).		35 330	54 382	sup 75. inf. 71,95
	— de Charonne.		5 630		80 73
	— de Montmartre (Cottin).		460		89 24
	— Saint-Eleuthère.		907		126 45
Marne.......	— de Ménilmontant.		27 390	38 990	100
	— de Belleville.		11 600		131
	— de Ménilmontant.		100 000		107 50
	— de Belleville.		6 080		134 10
	— de Montmartre (Cottin).		240		89 24
	— du Château.		70		(?)
Source......	— Saint-Eleuthère.		806	351 626	130 30
	— de Montrouge { supérieur.		94 345		80
	inférieur.		149 600		74 50
	— de Vaugirard (15e arrondissement).		485		49 69

La canalisation est double : les eaux d'Ourcq, de Seine et de Marne sont réservées pour les usages publics, celles de source pour les usages particuliers et le service d'incendie, qui utilise également, bien entendu, les autres eaux. Pour élever les eaux d'Ourcq et de Dhuis dans les réservoirs supérieurs à leur altitude d'arrivée et remplir ceux destinés à recevoir les eaux de Seine et de Marne, la ville a trois usines, six pompes à feu et six usines hydrauliques.

L'usine de la place de l'Ourcq monte au réservoir des Butttes-Chaumont (96,90) l'eau de l'Ourcq puisée au bassin de la Villette (52 m.).

La pompe à feu de Port-à-l'Anglais puise l'eau de la Seine au lieu ainsi dénommé (26 m. 50) et la refoule au réservoir de Gentilly (82 m. 10) ; celle de Maisons-Alfort, de ce point (26,50) au réservoir de Charonne (80,73) ; celle d'Austerlitz, près du pont de ce nom (26,50), aux réservoirs de Gentilly (82,10) ou de Charonne (80,73) ; celle de Chaillot (26), aux réservoirs de Passy (75,33) ; celle d'Auteuil (26), aux petits réservoirs de Passy (74,10) ; celle de Saint-Ouen (23,90), aux réservoirs du passage Cottin (89,98).

L'usine de Ménilmontant refoule du réservoir de ce nom (108 et 100 m.) les eaux de la Dhuis et de la Marne dans le réservoir de Belleville (134 et 131).

Celle du réservoir Cottin refoule du réservoir de ce nom (89,24) les mêmes eaux dans le réservoir Montmartre (130 m.).

Quant aux usines hydrauliques, l'une, celle de Saint-Maur, alimente en eau de Marne le bois de Vincennes et le service public des XVIIIe, XIXe et XXe arrondissements. Deux autres, Isles-les-Meldeuses et Trilbardou, montent de l'eau de Marne dans la canal de l'Ourcq pendant les grandes chaleurs. Enfin les trois dernières usines, Chigy, la Forge et Malay-le-Roi, élèvent dans l'aqueduc de la Vanne l'eau des sources basses de Chigy, du Maroy, de Saint-Philbert, etc.

Quelques-uns de ces réservoirs (Cottin, Ménil-montant, etc.) sont à deux étages séparés et correspondant, l'un aux eaux de source, l'autre aux eaux de rivière, pour suppléer par celles-ci, en cas de besoin, aux premières.

Nous arrivons donc à une capacité de 1 033 548 mètres cubes; mais la canalisation ne permet qu'un débit journalier moyen de 335 500 mètres cubes, soit 135 lit. 83 par tête, y compris l'eau nécessaire à celles des bois et squares, parmi lesquels sont compris les bois de Boulogne ou de Vincennes, situés *extra muros;* la consommation journalière individuelle ne va donc pas réellement à 100 litres.

Nous voilà bien loin des immenses quantités d'eau mises à la disposition des populations américaines ! On ne peut cependant s'étonner que d'une chose : c'est d'en avoir autant quand on sait que l'œuvre de M. Belgrand, directeur des travaux de Paris, si activement continuée par son successeur M. Alphand, ne remonte qu'à 1854. A cette époque, le volume d'eau distribué journellement n'était que de 66 715 mètres cubes, pour un approvisionnement de 141 814 mètres cubes ; en 1861, après l'annexion, de 114 521 mètres cubes ; en 1867, de 208 570 mètres cubes [1].

Ces eaux sont distribuées au service public par :

66 fontaines monumentales,

33 fontaines publiques,

392 bornes-fontaines ordinaires,

369 bornes-fontaines à repoussoir,

5429 bouches de lavage,

4172 bouches d'arrosage à la lance,

181 boîtes d'arrosage au tonneau,

53 poteaux d'arrosement,

321 bouches d'incendie (au 1er janvier 1880).

Les bouches de lavage et d'arrosage à la lance servent à l'alimentation des pompes aspirantes : on dépave la rue en travers du ruisseau et en face du feu, on fait un batardeau en aval de l'excavation, on ouvre les bouches situées en amont, et on immerge l'aspiral dans le puisard ainsi formé. Les bornes-fon-

---

1. Nous n'avons à nous préoccuper, pour le service d'incendie, de la qualité potable ou non de l'eau, que parce que l'eau de source est soumise dans les conduites à une pression d'autant plus avantageuse pour nous qu'elle est plus considérable. Les lecteurs que ne satisferait point cet exposé, nécessairement sommaire, devront se reporter au remarquable rapport de M. Deligny (annexe au procès-verbal de la séance du Conseil municipal du 26 février 1880), qui est, à notre connaissance, le document le plus complet sur la situation actuelle des eaux à Paris et les améliorations qu'il y a lieu d'y apporter.

taines alimentent les pompes foulantes au moyen de chaînes ; on se sert aussi des tonneaux ; enfin, quand on n'a pas assez de tonneaux ni assez d'hommes pour faire la chaîne, on a encore recours au batardeau, et on puise de l'eau avec des seaux de toile pour remplir la bâche.

L'emploi de la chaîne ne peut avoir et n'a qu'un nom dans le Paris de 1880 : c'est un vestige de barbarie et de féodalité : de barbarie, car l'eau est gaspillée en majeure partie, n'arrive que par intermittence ou pas du tout, et, pendant ces temps d'arrêt, l'incendie gagne ; elle nécessite le concours d'un grand nombre de citoyens, dévoués sans doute, mais bruyants, inordonnés, dont l'agglomération, en paralysant les manœuvres commandées par le chef d'incendie et l'action de la police , retarde le moment de la victoire sur le fléau et favorise l'intrusion des malfaiteurs ; de féodalité, car les chaînes sont formées pour les neuf dixièmes, sinon plus, d'ouvriers arrachés à leur travail ou à un repos chèrement acheté, et qui les quittent couverts de vêtements trempés qu'ils n'ont pas toujours la possibilité de remplacer. Cette situation ne pourra prendre fin que lorsqu'il y aura assez de bouches de 100 millimètres pour permettre d'alimenter les pompes aspirantes directement, les pompes foulantes par l'intermédiaire des dévidoirs à bras que nous construisons en ce moment. L'humanité et la sécurité publique se réunissent donc pour placer, au premier rang des travaux qui s'imposent à la ville, la création de bouches d'incendie, *sans interruption*, jusqu'à ce qu'elle en ait le nombre nécessaire. Est-il possible de fixer, du moins très approximativement, ce nombre ?

Les bouches d'incendie ont trois destinations, que nous énumérons par ordre d'importance : 1° alimenter les pompes à vapeur ; 2° remplacer les chaînes pour l'alimentation des pompes à bras ; 3° permettre de substituer l'usage du petit dévidoir à celui de la pompe à bras toutes les fois que l'eau à laquelle la bouche donne issue sera soumise à une pression suffisante.

Il est évident que toute bouche de 100 millimètres qui satisfera à la première condition satisfera encore *à fortiori* à la deuxième, et aussi à la troisième si l'eau de cette dernière est en haute pression. La première chose à faire est donc de rechercher le débit des bouches actuelles.

Nous avons fait porter ces recherches sur un certain nombre de bouches appartenant aux diverses canalisations et à différents quartiers de Paris. Le tableau ci-après donne les résultats obtenus, en indiquant pour chacune de ces bouches : 1° le diamètre de l'embranchement sur lequel est établie la bouche ; 2° le diamètre de la conduite maîtresse d'où vient l'embranchement ; 3° la longueur de l'embranchement entre la conduite maîtresse et la bouche.

TABLEAU N° 1

EMPLACEMENTS	ALTITUDE	HEURE DE L'ÉPREUVE	PRESSION		LONGUEUR DE PRISE	Diamètre des conduites		DÉBIT PAR MINUTE	Longueur de projection horizontale au-dessus du sol [1].
			au commen-cement.	à la fin.		de prise.	maîtresses.		
Eau d'Ourcq.									
	m.	h.	a.	a.	m.	m.	m.	m.	m.
Rue St-Dominique, en face de l'église Ste-Clotilde.	33,37	9,40 mat.	0,75	0,87	7	0,400	0,500	2550	4
Boulev. des Invalides, en face de la rue de Babylone.	37,80	8,45	0,50	0,50	6	0,500	Réserv.	1908	2
Rue du Chaume, 4.	35,13	4,35	1,87	1,25	160 / 60	0,100 / 0,081	0,350	1233	0,60
Rue du Fer-à-Moulin, angle de la place.	34,20	6,35	0,50	0,37	180	0,108	0,300	477	0,15
Rue de Seine, 59.	33,10	5,25	1,50	1,40	60	0,100	0,250	366	0,12
Eau de Seine.									
Rue Geoffroy-Saint-Hilaire, angle de la rue Buffon.	35,31	5,45	3,37	3,12	3	0,450	Réserv.	3323	4
Place d'Italie, angle de l'avenue.	62,04	7,45	1	1	5	0,100	0,530	1670	0,70
Boulevard Voltaire, 87.	43,35	7,15	1,50	1,75	750	id.	0,200	600	0,27
Rue des Haies, 38.	57,05	10	0,50	0,50	325	id.	0,150	433	0,25
Boulevard Voltaire.	46	8,20	0,25	0,10	450	id.	0,500	115	0,10
Eau de Marne.									
Rue de Lafayette, 219.	51	5,35	4,37	4,37	4	0,600	»	4288	4,20
Rue la Butte-Chaumont, angle de la rue de l'Aqueduc.	54,69	7,55	3,50	3,50	4	0,600	»	3936	id.

1. Cette valeur est obtenue en branchant un « col de cygne » sur la bouche.

TABLEAU Nº I (*suite*)

| EMPLACEMENTS | ALTITUDE | HEURE DE L'ÉPREUVE | PRESSION | | LONGUEUR DE PRISE | Diamètre des conduites | | DÉBIT PAR MINUTE | Longueur de projection horizontale au-dessus du sol. |
			au commencement.	à la fin.		de prise.	maîtresses.		
Rue des Solitaires, 37.	102,21	11,15	2	»	580	0,100	0,200	603	0,34
Rue de Lagny.	50,15	12,10 soir	2,50	2,50	535	id.	0,150	499	0,30
Rue Pajol, 55.	52,63	8,3 mat.	1,62	0,75	540	id.	0,150	279	0,15
Eau de Dhuis.									
Boulevard de la Villette, 67.	57,50	6,22	4,25	4,25	7	0,600	»	4811	8,50
Boulevard de la Chapelle, 19.	53,76	7,15	3,87	3,75	4	0,500	0,600	4363	7,50
Place Dancourt.	75,67	8,30	1,40	1,40	120	0,100	0,400	760	0,30
Rue Laurin, 8.	70,60	9,40	2	»	350	id.	0,600	208	0,23
Rue Stephenson, 25.	59,20	9,15	2,50	2	220	id.	0,150	97	0,05
Eau de Vanne.									
Quai de l'Horloge, angle du boulevard.	35,38	4,30	3,80	3,80	20	0,100	0,600	3300	4,50
Quai du Marché-Neuf.	35,90	5,25	3,75	3,75	5	id.	1,100	3033	3,75
Rue Pierre-Levée, 21.	41,88	12,35 soir	3	3	600	id.	0,400	915	0,50
Rue des Récollets, 8.	42,18	9,45 mat.	2,75	2,75	825	id.	0,400	531	0,30
Rue des Batignolles, 13.	54,29	10,20 mat.	0,87	0,87	1710	id.	0,500	288	0,13

Ce qui frappe tout d'abord dans ce tableau, c'est qu'un nombre relativement considérable de bouches d'incendie n'ont pas le débit nécessaire pour alimenter une pompe à vapeur, et que quelques-unes d'entre elles seraient même insuffisantes pour l'alimentation d'une pompe à bras. Cette découverte, à laquelle on ne s'attendait point, a une gravité qui ne saurait échapper à personne.

A quoi tient cette impuissance? A l'état de vétusté et par suite d'encrassement de la conduite? à la faiblesse du calibre de l'embranchement? à la longueur de ce dernier entre le point d'origine sur la conduite maîtresse et la bouche?

Probablement à toutes ces causes réunies, toutefois avec un coefficient d'action différent pour chacune d'elles. Mais le service des eaux a seul la qualité et les moyens nécessaires pour étudier, définir ces causes, et surtout y remédier : notre rôle se borne nécessairement à lui signaler les bouches insuffisantes. Les résultats que nous venons de donner sont d'ailleurs empruntés à un travail d'ensemble auquel nous soumettons en ce moment toutes les bouches suspectes d'avoir un débit inférieur à 1600 litres à la minute, débit minimum que commande l'alimentation normale d'une pompe à vapeur. Les entraves qu'apporteraient à ces épreuves les rassemblements de curieux et la circulation des voitures ne nous permettant de faire, dans certains quartiers, ces épreuves que la nuit ou de grand matin, ce travail ne pourra pas être terminé de sitôt.

Quoi qu'il en soit, supposons les choses mises en l'état nécessaire, et les bouches de 100 millimètres amenées sans exception au débit minimum de 1600 litres à la minute. Nous avons à rechercher maintenant si l'eau qui jaillit de ces bouches est partout animée d'une force ascendante qui lui permette d'agir efficacement jusqu'à la hauteur des combles d'une maison de Paris, sans intermédiaire de pompe à bras.

Le tableau n° II donne le résultat des expériences que nous avons instituées pour arriver à la solution de cette partie du problème. Elles portent sur 29 bouches de 100 millimètres appartenant à toutes les canalisations et situées à des altitudes différentes, depuis le niveau des quais jusqu'au point le plus élevé de Paris habité. Elles ont été faites par nos chefs et sous-chefs d'équipe de pompe à vapeur les 15 et 16 juin, par une température moyenne de 15°,8 et 15°,9, sans pluie, c'est-à-dire dans des conditions de saison et de chaleur moyennes et par suite d'usage et d'arrosage moyens. Les observations se sont succédées de trois heures en trois heures ; toutefois il a paru inutile d'en faire une à neuf heures du soir.

TABLEAU No II.

Numéros.	EMPLACEMENT DE LA BOUCHE	Cote de la bouche.	DIAMÈTRE DE LA CONDUITE	PRESSION A LA BOUCHE EN ATMOSPHÈRES A					
				6 h. A.M.	9 h. A.M.	12 h.	3 h. P.M.	6 h. P.M.	12 h.
	Eau d'Ourcq.								
1	Rue de Charenton, 93.	33,48	0,250, conduite maîtresse.	1,50	1,20	1,30	0,90	1,10	1,50
2	Rue Galande, 21. ·	33,67	0,162, alimentée par 0,500.	1,25	0,75	1	1	1	1,50
3	Rue de Bercy, angle rue Gallois.	34	0,300, conduite maîtresse.	1,40	1,10	1,25	1,10	1,10	1,50
4	Rue du Château-d'Eau, face r. Bouchardon.	34,63	0,600, conduite maîtresse.	1,62	0,85	1	0,85	1	1,62
5	Rue Basfroi, 53.	34,86	0,350, conduite maîtresse.	0,75	0,50	0,45	0,25	0,50	0,75
6	Rue Saint-Antoine, 185.	34,92	0,400, conduite maîtresse.	1,25	0,75	1,25	1	1	1,50
7	Rue de la Roquette, 32.	36,26	0,300, conduite maîtresse.	0,95	0,70	0,50	0,45	0,75	1
	Eau de Seine.								
1	Rue Raynouard, 98.	33,87	0,162, conduite maîtresse.	4	3,90	3,90	»	3,75	3,90
2	Rue Oberkampf, 132.	48,01	0,150, alimentée par 0,500.	2	1	1,50	1	1,50	2
3	Boulevard de Reuilly, angle rue Claude-Decaen.	51,29	0,200, conduite maîtresse.	2,65	1,65	2,25	1,90	2,25	2,65
4	Boulevard Ménilmontant, 115.	54,73	0,100, alimentée par 0,300.	1,50	0,75	1	0,75	1,65	1,50
5	Caserne de Château-Landon.	55,47	0,250, conduite maîtresse.	1,50	0,50	1,25	0,85	1	1,62
	Eau de Marne.								
1	Rue Lafayette, angle r. Buttes-Chaumont.	51,03	0,600, conduite maîtresse.	4,62	3,12	4	3,85	4	4,12
2	Rue du Département, 45.	52	0,100, alimentée par 0,200 et 0,150.	3,50	0,75	2	1,25	2,50	2,75

TABLEAU Nº II (*suite*).

Numéros.	EMPLACEMENT DE LA BOUCHE	Cote de la bouche.	DIAMÈTRE DE LA CONDUITE	PRESSION A LA BOUCHE EN ATMOSPHÈRES					
				6 h. A.M.	9 h. A.M.	12 h.	3 h. P.M.	6 h. P.M.	12 h.
3	Rue de Ménilmontant, 1.	53,04	0,200, conduite maîtresse, par Ménilmontant (cote 100).	4,25	3	4	3,75	4	4,25
4	Rue de Ménilmontant, 99.	90,63	0,200, conduite maîtresse, par Belleville (cote 131).	3,50	3	3,50	3,25	3,25	3,50
	Eau de Dhuis.								
1	Rue d'Aubervilliers, angle r. du Maroc.	50,13	0,100, alimentée par 0,500.	5	5	5	5	5	5
2	Boulevard de la Villette, angle r. de Tanger.	51,98	0,500, conduite maîtresse.	5	4,40	4,25	4,40	4,62	5
3	Boulevard Ménilmontant, angle r. du Repos.	55,49	0,135, conduite maîtresse.	3,25	3	3	2,25	2,75	3,75
4	Boulevard Decamps, 4.	62,05	0,200, alimentée par Ménilmontant (cote 100).	3,80	2,55	2,55	2,70	1,95	3,80
5	Rue des Pyrénées, 290.	104,22	0,100, alimentée par Belleville (cote 131).	2,50	2,25	2,30	2,25	2,25	2,50
	Eau de Vanne.								
1	Boulevard de Bercy, angle rue de Bercy.	33,64	0,600, conduite maîtresse.	4,50	4,25	4,40	4,25	4,25	4,50
2	Rue des Petites-Écuries, 16.	35	0,600, conduite maîtresse.	3,50	3,25	3,50	3,38	3,50	4
3	Rue de la Cité, angle rue de Constantine.	35,95	0,600, conduite maîtresse.	3,75	3,75	3,75	3,75	3,75	4
4	Boulevard Voltaire, 70.	36,87	0,100, alimentée par 6,400.	3,50	3,25	3,20	3,25	3,10	3,55
5	Rue du Faubourg-Saint-Martin, angle rue des Écluses-Saint-Martin.	46,50	0,600.	2,86	2	2	2	2	2,75
6	Rue Saint-Maur, 69.	46,59	0,100, alimentée par 0,400.	2,75	2,50	2,45	2,45	2,50	2,55
7	Rue Monge, 66.	47,46	0,100, alimentée par 0,150.	2,50	2	2,25	2,25	2,25	2,75
8	Rue de Passy, 66.	57,66	0,100, alimentée par 0,200.	1,55	1,45	1,55	1,50	1,45	1,70

Deux lois principales se dégagent tout d'abord de ce tableau :

1° Bien que le calibre de l'embranchement et surtout des conduites maîtresses soit toujours notablement supérieur au diamètre de la bouche d'eau, la pression n'en varie pas moins avec ces calibres (5 et 6 d'Ourcq, 2 et 3 de Seine, etc.) et la nature de la conduite (maîtresse ou embranchement), jusqu'à compenser et au delà l'infériorité due à une plus grande altitude.

2° La pression, à son plein vers six heures du matin, décroît progressivement jusqu'à vers onze heures du matin, reste stationnaire ou remonte légèrement jusque vers une heure de l'après-midi, redescend jusqu'à six ou sept heures, et alors reprend sa marche ascendante jusqu'à minuit, où elle se retrouve à son plein. Cette différence, qui peut aller jusqu'à une atmosphère, est en moyenne de 0,70 à 0,75.

Ces pressions varient donc de 0,25 à 5 atmosphères. On sait que théoriquement une pression de 1 atmosphère correspond à une élévation de 10 m. 33 pour la colonne d'eau sur laquelle elle agit. Il s'agissait de voir ce que devenait cette pression dans notre pratique, en d'autres termes, étant donnée une pression initiale P, de rechercher les pressions p, p', p'', etc., aux extrémités des refoulements de 40 mètres, 80 mètres, 120 mètres, etc., avec des orifices 1, 1_1, 1_2, etc., puis les portées horizontale et verticale des jets obtenus dans ces diverses combinaisons.

Nous ne sommes malheureusement pas installés, comme on le verra à propos du casernement, pour donner à ces expériences toute l'étendue et la rigueur scientifique qu'elles comporteraient cependant si bien ; ainsi, nous n'avons pu comparer les portées du jet avec les pressions à la lance, en même temps que ces dernières à la pression initiale. Nous regardons cependant les résultats que nous avons obtenus comme donnant une base très suffisamment exacte pour nous permettre de déterminer la pression minimum au-dessous de laquelle les bouches de 100 millimètres ne peuvent plus fournir directement de l'eau animée de la force de projection nécessaire.

Le 8 juin 1880, à sept heures du matin, par 12°, temps légèrement pluvieux la veille, on a monté, sur une bouche d'eau de Vanne à l'altitude de 34 mètres et du débit moyen de 3300 litres par minute, une pièce de division de 100, 80, 80, à l'une des vannes de laquelle a été fixé un manomètre, tandis que l'autre recevait sucessivement les demi-garnitures de 40 mètres, à la lance desquelles on appliquait alternativement un orifice de 0,016 et un autre de 0,025. La lance était munie de deux manomètres, l'un à pression latérale, l'autre à pression directe, entre les indications, très rapprochées d'ailleurs, desquels on prenait la moyenne. Les pressions initiale et à la lance étaient relevées simultanément.

LONGUEUR DE REFOULEMENT	ORIFICE DE 0,016			ORIFICE DE 0,025		
	Pression à la bouche.	Pression à la lance.	Perte de pression.	Pression à la bouche.	Pression à la lance.	Perte de pression.
40	3,30	3,17	0,13	3	2,50	0,50
80	3,25	3,05	0,20	3,05	1,95	1,10
120	3,25	2,80	0,45	3	1.75	1,25
160	3,25	2,75	0,50	3,05	1,50	1,55
200	3,20	2,55	0,55	3.05	1,30	1,75
240	3,05	2,30	0,75	3	1,25	1,75
280	3,05	2,30	0,75	3	1	2
320	3	2,25	0,75	2,95	0,95	2
360	3,05	2,25	0,80	3	0,95	2,05
400	3,05	2,25	0,80	2,95	0,75	2,20

Puis le 24 juin, à deux heures et demie de l'après-midi, par 20° et temps pluvieux, la même pièce a été montée sur une bouche de même eau et de même altitude, du débit moyen de 3033 litres à la minute ; deux refoulements ont été adaptés à ses vannes, l'un de 140 mètres portant la lance à manomètres, l'autre de 120 portant la lance simple.

DIAMÈTRE des orifices.	NOMBRE de refoulements en action.	PRESSION à la lance.	PORTÉES	
			horizontale.	verticale.
0,16	1	3.12	36m	23m
	2	2,87	35	22
0,25	1	2	30	18
	2	1,75	29	16

La pression à la bouche relevée immédiatement

après le débranchement des demi-garnitures était de 4 atmosphères.

Discutons maintenant les résultats de ces diverses expériences :

Conformément aux décrets des 27 juillet 1859, 1er août 1864 et 8 juin 1872, la hauteur maximum des maisons de Paris est fixée à 20 mètres : l'addition d'un comble peut la porter à 22 m. 50 ou 23 mètres. C'est donc à cette hauteur de 23 mètres que doit arriver l'eau projetée directement par un dévidoir dont le développement de demi-garnitures est de 120 mètres. Or, en nous reportant aux expériences du 24 juin, nous voyons :

Que cette portée verticale exige à la lance une pression de 3 atmosph. 12 pour un orifice qui ne peut être supérieur à 0,016 ;

Que cette pression à la lance, à 140 mètres de la bouche, correspond à une pression initiale de 3 atmosph. 57, ou 3 atmosph. 50 en nombres ronds, pour 120 mètres ;

Et que dès lors les dévidoirs ne peuvent être utilisés, dans les limites d'un développement de 120 mètres, que par les bouches dont la pression est égale ou supérieure à 3 atmosph. 50.

Si maintenant nous nous reportons au tableau n° 1, nous voyons :

1° Que les eaux d'Ourcq n'arrivent jamais à cette pression initiale de 3 atmosph. 50;

2° Que celles de Marne y arrivent probablement toujours;

3° Que celles de Dhuis la possèdent jusqu'à la cote de 60 mètres dans les conduites qui viennent du réservoir de Ménilmontant, jusqu'à la cote de 80 mètres dans celles qui viennent du réservoir de Belleville;

4° Que cette pression n'existe, pour les eaux de Seine et de Vanne, que jusqu'à la cote de 40 mètres ou sur les conduites de refoulement par lesquelles les machines à vapeur les font monter dans les réservoirs.

Si cette pression pouvait être obtenue sur tous les points de la canalisation parisienne, rien ne serait dès lors plus facile que de déterminer le nombre rigoureusement exact de bouches nécessaires. 120 mètres est la plus grande longueur de refoulement qui permette d'avoir $p = 3,12$; l'expérience ayant démontré que, par suite des détours, escaliers, etc., la longueur du tuyau porte-lance était à la distance du foyer à la bouche comme 3 : 2, il faudrait que toutes les bouches fussent à 113 mètres l'une de l'autre pour que les lances des tuyaux montés sur deux bouches voisines puissent toujours se rejoindre : disons 100 mètres pour assurer un croisement d'eaux efficace.

Paris ayant 7802 hectares de superficie réduits à 7485 h. 87 a. 42 par la défalcation de celle des cimetières (93 h. 89 a. 58) et de la Seine entre parapets (316 h. 12 a. 58), ce serait donc 7485 bouches qu'il faudrait. Mais ce calcul ne peut se faire d'après la surface, parce qu'un grand nombre d'ilots ont beaucoup plus d'un hectare de superfice, et qu'il faudra toujours recourir aux pompes à bras ou à vapeur pour arriver jusqu'à leur centre. C'est donc la longueur des voies publiques qui doit servir de base à ce calcul ; et, cette longueur étant de 876 835 mètres, nous arriverions à 8768 bouches.

Malheureusement, la pression de 3 atmoph. 50 existât-elle partout, de nombreuses rues ne fussent-elles pas de trop près parallèles à deux autres rues voisines pour qu'il n'y ait pas lieu de les négliger, que l'on ne pourrait encore, du moins pour le moment, fixer ce chiffre en présence de l'état rudimentaire de la canalisation, puisqu'aujourd'hui, le nombre des voies de Paris étant ramené à 100, on constate que :

48,87 pour 100 ont la canalisation simple ;

27,39 pour 100, la canalisation double ;

23,74 pour 100, rien du tout.

La distance de 100 mètres entre les bouches (pour l'usage du dévidoir) ayant été rigoureusement fixée par l'expérience, nous nous sommes donc vus obligés de recourir aux moyens empiriques pour en trouver le nombre. Nous avons pris un plan de Paris à grande échelle ; nous avons, sur toutes les rues où la canalisation donne de l'eau à 3 atmosph. 50, marqué des bouches de 100 mètres en 100 mètres (en négligeant, bien entendu, toutes les fois que la chose a été possible, les rues intermédiaires à deux autres rues distantes de moins de 100 mètres); nous les avons espacées de 200 mètres en 200 mètres sur les autres canalisations, pour réserver l'avenir; nous avons laissé en blanc les rues encore dépourvues de conduites; mais nous avons doublé et disposé les bouches en quinconce le long des grandes artères, surtout de celles qui sont parcourues par des tramways, pour éviter d'interrompre la circulation [1]; et nous sommes arrivés au chiffre de 4200 bouches.

Ce chiffre de 4200 bouches de 100 millimètres est plus que double de celui de 2000 qu'avaient demandé nos prédécesseurs. La différence tient à ce qu'ils n'avaient en vue que l'alimentation des pompes à vapeur sur l'agglomération actuellement existante, tandis que nous avons traité la question au point de vue de l'alimentation des pompes à vapeur *et des dévidoirs, pour toute la surface de Paris*. Nous verrons d'ailleurs, quelques lignes plus bas, qu'il faut en réalité 3200 bouches pour assurer d'une façon complète et satisfaisante le service des pompes à vapeur. C'est donc, en résumé, une augmentation de 1000 bouches que nécessiterait l'usage, là où il serait possible, du dévidoir. 1000 bouches coûtent

---

1. Le 10 septembre 1879, à l'incendie du passage de la Folie-Regnault, nous avons vu *onze* tramways immobilisés devant les refoulements d'une pompe à vapeur qui traversaient le boulevard de Ménilmontant (la bouche étant de l'autre côté de la chaussée). Les voyageurs ont dû prendre le parti de s'en aller à pied.

600000 fr. Le dévidoir constitue-t-il une amélioration assez sérieuse pour la justifier?

Il offre évidemment ce double et très grand avantage :

1° D'arriver beaucoup plus vite sur le lieu de l'incendie, en raison de sa légèreté (190 k. au lieu de 565 k.) ;

2° De n'exiger que trois hommes pour sa mise en action au lieu du nombre x d'hommes nécessaires pour manœuvrer la pompe à bras, et faire la chaine, s'il y a lieu.

Mais ces avantages seraient illusoires si l'effet mécanique du dévidoir était inférieur à celui de la pompe à bras, car l'objectif auquel tout, sauf la rapidité, doit être sacrifié, c'est la quantité et la force de projection de l'eau, qui sont, à partir du moment où l'attaque est engagée, les seuls facteurs de l'extinction.

Pour nous en rendre compte, nous avons institué sur une pompe de 125 millimètres et un dévidoir à bras, tuyaux de 0,080, orifice de 0,016, l'expérience comparative suivante :

La pompe, manœuvrée par douze sapeurs, a été armée de 2 demi-garnitures, soit 32 mètres de refoulement ;

La pièce du dévidoir a été branchée sur une bouche de 3033 litres, à 3 atmosph. 75, et reçu deux refoulements de 160 et 120 mètres; le temps était très calme.

Il y a eu deux séries d'expériences : dans la première, les porte-lances étaient sur le même plan que la bouche et la pompe (établissement horizontal); dans la seconde, ils étaient à 17 m. 50 au-dessus (établissement vertical).

	ÉTABLISSEMENT HORIZONTAL		ÉTABLISSEMENT VERTICAL	
	Pompe à bras.	Dévidoir.	Pompe à bras	Dévidoir.
Pression à la lance......	1,25 à 2,25	2,85	1,50 à 2,75	2,25
Portée horizontale.......	26m	30m	22m	19m
Portée verticale.........	20m	24m	34,60 (1)	31,60 (1)
Débit moyen par minute.	236 l.	336 l.	236 l.	260 l.

1. Au-dessus du sol, et seulement, bien entendu, à $17^m,10$ et $14^m,10$ au-dessus des porte-lances.

Pour bien apprécier ces résultats, quant aux portées. il faut se rappeler que ceux qui sont relatifs à la pompe à bras sont les portées *en dernières gouttes*, correspondant à la fin de chaque battue; le jet baisse pendant la course des pistons, et de ce chef il y a, dans la portée, *surtout verticale*, une oscillation qui peut aller jusqu'à 3 et même 4 mètres. Le jet du dévidoir, au contraire, soumis à une pression sensiblement constante, conserve constamment la portée indiquée dans le relevé ci-dessus.

Il demeure donc acquis que, toutes les fois que l'on

peut utiliser une bouche à haute pression, le dévidoir, qui avait déjà sur la pompe à bras les avantages de la rapidité d'arrivée et de simplicité de manœuvre, y joint, même à une distance relativement considérable, ceux de la portée et du débit. C'est au Conseil municipal qu'il appartient désormais de décider si ces avantages sont en rapport avec la dépense que nécessitera la création de bouches d'incendie jusqu'à concurrence de 4200. Mais, pour qu'aucun élément de la question ne fasse défaut, nous avons voulu étendre ces expériences à la pompe à vapeur. Ces diminutions progressives de pression à la lance, et par conséquent de portée dans le jet que nous avaient révélées les expériences du 8 juin, sous la pression naturelle de la bouche, nous avons recherché ce qu'elles devenaient sous la pression artificielle de la pompe.

En conséquence, le 29 juin, nous avons établi la pompe de l'état-major sur la bouche du boulevard de Bercy, dont le débit est énorme (environ 5000 litres à la minute) et la pression considérable (4 atmosph. à 4 atmosph. 25).

LONGUEURS DE REFOULEMENT	ORIFICE DE 0,022			ORIFICE DE 0,025			ORIFICE DE 0,027		
	PRESSION		Portée horizontale.	PRESSION		Portée horizontale.	PRESSION		Portée horizontale.
	Au récipient.	A la lance.		Au récipient.	A la lance.		Au récipient.	A la lance.	
40m	8a,25	7a,05	53m	»	»	»	5a,50	4a,50	46m
80	9	7	53	7a	5a	46m	6	4	44
120	9 ,50	6 ,75	50	»	»	»	7 ,50	4	42
160	9, 25	6	49	»	»	»	8	3 ,50	42
200	9	5 ,45	49	»	»	»	8	3 ,50	42
240	»	»	»	»	»	»	8 ,50	3 ,25	41
280	»	»	»	»	»	»	8 ,75	3	38
320	»	»	»	»	»	»	9	2 ,75	36
360	»	»	»	»	»	»	8 ,75	2 ,50	36
400	»	»	»	»	»	»	8 ,50	2 ,25	33
440	»	»	»	»	»	»	8 ,50	1 ,75	31

La loi se maintient, comme il fallait s'y attendre : l'augmentation de pression au récipient d'une part, de l'autre sa diminution à la lance et l'affaiblissement de la portée suivent une progression presque symétrique, ces deux dernières quantités marchant plus rapidement que la première cependant, ce qui donne une idée de toute la force absorbée par le frottement de l'eau contre les parois des tuyaux. De plus, on constate qu'avec son orifice normal de 0,027, et dans des conditions exceptionnellement favorables d'alimentation et d'établissement (pas de coudes aux refoulements, placés en ligne droite sur le boulevard), la pompe à vapeur de première classe ne conserve la supériorité sur le dévidoir à bras, *quant à la portée*, que jusqu'à 300 mètres, quantité qui peut être largement ramenée à 210 mètres pour tenir compte de l'alimentation habituelle, de la moindre puissance des autres pompes à vapeur, du passage des refoulements dans les escaliers, par-dessus les murs, etc. Ces 210 mètres de longueur de refoulement correspondent à 140 mètres de distance entre la bouche et la lance, et à 198 mètres (soit 200 m.) d'écartement maximum entre les bouches : ce qui donnerait dans tout Paris 4384 bouches *pour les pompes à vapeur seulement*, et, en procédant comme nous avons fait pour les dévidoirs, 3231 bouches.

Donc, pour nous résumer, les bouches d'incendie doivent être placées :

9.

1° A 100 mètres partout où l'usage du dévidoir est possible;

2° A 200 mètres sur le reste de la canalisation, étant entendu qu'on y intercalera d'autres bouches lorsque l'eau actuelle y sera remplacée par de l'eau à haute pression ;

3° A 50 mètres et en quinconce le long des grandes artères.

En hiver, lorsque les rues sont recouvertes de neige, les bouches d'eau disparaissent, et les sapeurs perdent quelquefois un temps précieux à les rechercher. Or, nous ne cesserons de le répéter : notre ennemi, à nous Sapeurs-pompiers, c'est bien moins le feu, quel qu'il soit, que le temps perdu par nous avant de pouvoir l'attaquer, temps que tous nos efforts doivent tendre à réduire dans les limites du possible. A la date du 22 juillet dernier, le Conseil municipal a approuvé et accordé la demande de crédit que nous lui avions adressée dès le 12 décembre 1879 pour remplacer, par des plaques en fonte émaillée analogues à celles qui portent le nom des rues, les petites planchettes rouges que nous avions fait disposer provisoirement l'hiver dernier, que chacun a pu voir sur quelques murs de Paris, mais dont un certain nombre manque déjà à l'appel. Ces plaques porteront les armes de la Ville, les initiales du régiment, et un, ou deux nombres, suivant qu'elles pourront être placées sur le mur qui fait face à la bouche, ou ne pourront l'être que sur un mur voisin. Exemples :

S.   P.

4.

Le sapeur devra s'adosser à la plaque, marcher 4 mètres en avant : il sera sur la bouche.

S.   P.

3

5. 50 |

Le sapeur devra s'adosser à la plaque, marcher 3 mètres en avant : faire un à droite, marcher 5 m. 50 parallèlement au mur : la bouche sera sous ses pieds.

De l'étude d'ensemble à laquelle nous venons de nous livrer sur le service des pompes à vapeur, celui des eaux dans leur utilisation par les Sapeurs-pompiers, et les communications télégraphiques du service d'incendie, découlent les conclusions suivantes :

Des sinistres comme celui de la rue de Crimée (1 000 000 de fr.), de la Lorraine (1,500,000 fr.), de la rue de Chabrol (2 000 000 de fr.), etc., sont non seulement possibles, ils sont INÉVITABLES, toutes les fois qu'un commencement d'incendie n'y sera pas instantanément éteint, sur tous les points de Paris où se trouvent des usines, des entrepôts de matières combustibles à propagation rapide, et qui sont situés :

A plus de 500 mètres d'un poste télégraphique d'incendie ;

A plus de 140 mètres, distance moyenne, de quatre bouches de 100 millimètres à grand débit : en d'autres termes, dont les 4 bouches de 100 millimètres formant les sommets du quadrilatère dans lequel l'incendie se déclare, seront éloignées de plus de 200 mètres.

Dans l'hypothèse où il serait satisfait à ces deux *desiderata*, de pareils sinistres sont encore, non plus inévitables, mais POSSIBLES, tant que l'augmentation du nombre des pompes à vapeur, la modification de leur système de traction et l'amélioration de leur outillage ne permettront pas de concentrer et mettre en action sur le foyer, quelques minutes après le signal, cinq pompes à vapeur : deux ou trois sous le vent pour arrêter net le feu, une de chaque côté pour le repousser et l'éteindre [1].

Casernement. — Le régiment de Sapeurs-pompiers occupe un hôtel et onze casernes.

L'hôtel, habité par l'état-major, ne saurait être plus heureusement situé, puisqu'il est au centre de la ville

---

1. Voir l'appendice, note I.

et contigu à la Préfecture de police. Il est seulement fâcheux que, lors de sa construction, on se soit préoccupé bien plus de faire un édifice monumental qu'approprié à sa destination. On aurait pu réduire du tiers l'espace consacré à l'habitation du chef de corps, par exemple, sans que son appartement cessât d'être en rapport avec la situation du chef du service d'incendie de la ville de Paris. Par contre, le bureau télégraphique central (qui du reste n'existait point alors) au lieu d'être à sa place, c'est-à-dire entre le cabinet du colonel et sa chambre à coucher, est à un autre étage. Les magasins sont insuffisants, comme aussi les ateliers, dans lesquels se confectionne et se répare le matériel du corps, s'éprouve celui que les villes de province font construire chez des fabricants de Paris, s'étudient toutes les inventions, procédés ou appareils dont les auteurs assaillent le Préfet de police ou le colonel, inventions qui à la quatrième page des journaux ou dans la bouche des compères et des naïfs constituent invariablement un progrès des plus remarquables sur ce qui existe et qui, froidement étudiés et expérimentés par ceux qui ont charge de la sécurité publique et du bon emploi des finances de la Ville, se révèlent le plus souvent comme absolument impraticables, quand ce ne sont pas des œuvres d'insensés ou de charlatans. Enfin la place manque absolument pour une création dont personne ne contestera l'importance, aujourd'hui que l'on apprécie la valeur des leçons de choses et des collections spéciales : nous voulons parler d'une galerie technique dans laquelle à côté du matériel du corps et des modèles types de toutes les pièces qui sont employées dans sa construction viendraient se placer un exemplaire ou un modèle réduit de tous les appareils soumis à notre examen et la collection aussi complète que possible en nature, modèles réduits, photographies, plans, etc., et classée par villes ou nationalités, de tous les engins et objets d'équipement et d'habillement en usage dans les services d'incendie étrangers. Il est inutile d'insister sur les facilités qu'un pareil musée nous donnerait pour compléter l'instruction professionnelle de nos officiers, de nos sous-officiers, et pour apporter dans le matériel de la Ville tous les perfectionnements que pourrait nous suggérer cette étude.

Il n'y a, avons-nous dit, que onze casernes pour douze compagnies ; l'une de ces dernières est donc nécessairement répartie entre trois casernes, non sans dommage pour le service, l'instruction et la sécurité du quartier au centre duquel doit tôt ou tard être construite cette caserne [1].

Pour satisfaire aux exigences d'une instruction et

---

1. Cette caserne a été votée par le Conseil municipal dans sa séance du 12 décembre 1876, et le projet définitif en a été déposé le 24 avril 1878. Elle doit être située, comme nous l'avons vu à propos des pompes à vapeur, dans le xive arrondissement, rue d'Alésia, vers le no 2.

d'un service absolument spéciaux, une caserne de Sapeurs-pompiers doit remplir, outre les conditions générales requises pour toute caserne [1], les conditions particulières suivantes :

Être construite en bordure d'une large voie, ou mieux encore, s'il est possible, à un carrefour de plusieurs grandes artères, afin que les détachements d'incendie et les pompes à vapeur puissent en déboucher aux allures vives sans être obligés de tourner immédiatement à angle droit, et pour être en communication plus directe avec les différents points de leur zone de défense ;

N'avoir qu'un ou au plus deux étages au-dessus du rez-de-chaussée pour les chambres de la troupe, avec de larges escaliers et des paliers spacieux, destinés à servir de point d'arrêt aux sapeurs lorsqu'ils se précipitent, plutôt qu'ils ne descendent, à la sonnerie du feu ;

Posséder une cour vaste et pavée (le sable et le gravier détériorent rapidement les pompes), sur une surface d'au moins 600 mètres carrés ;

---

1. Les Sapeurs-pompiers, qui rentrent trempés à toute heure et en toute saison, sont les seuls soldats de l'armée dont les casernes ne soient point munies de percolateurs pour faire le café. Nous avons déposé le 30 *mai* 1879, pour les en pourvoir, une demande de crédit de 5090 francs, dont la commission compétente a été saisie le 25 *octobre* de la même année. Ils sont également les seuls qui n'aient pas de salles ou cabinets pour prendre des bains chauds, et achètent eux-mêmes les bassines nécessaires à leurs ablutions corporelles.

Un gymnase complet, dans la cour ;

Un gymnase couvert, pourvu de tous les agrès que comporte le travail sans course, afin que cette partie capitale de l'instruction ne soit jamais interrompue par le mauvais temps [1] ;

1. Les sapeurs sont partagés en trois classes quant à l'instruction gymnastique. Aucun homme ayant six mois de présence au corps ne peut obtenir de permission, ni être nommé sapeur de 1re classe (militaire) ou caporal s'il n'est au moins de 2e classe en gymnastique, à moins d'actes exceptionnels de courage et de dévouement.

La 1re classe travaille tous les jours le matin pendant 1 heure.

La 2e classe travaille tous les jours le matin pendant 1 heure et l'après-midi 1 heure 1/2, 4 jours par semaine.

La 3e classe travaille tous les jours le matin pendant 1 heure et l'après-midi 1 heure 1/2.

Le passage aux différentes classes, ainsi que l'admission aux fonctions d'élève moniteur et de moniteur, qui donnent droit à des faveurs spéciales, sont prononcés à la suite d'examens trimestriels.

A l'inspection générale, 50 hommes sont désignés, à la suite d'un concours préparatoire, pour prendre part au concours des prix, distribués à raison de :

1 prix spécial de sous-officiers ;

1 prix d'honneur de caporaux et sapeurs ;

12 prix ordinaires de caporaux et sapeurs ;

20 mentions honorables de caporaux et sapeurs ;

La ville de Paris accorde annuellement 660 francs pour ces prix, plus, sur notre proposition et par décision récente, une somme à peu près équivalente pour les attributs que portent sur le bras gauche les moniteurs et lauréats de gymnastique, qui sont les sauveteurs naturellement désignés dans les incendies et qu'il importait de reconnaitre au moyen d'un signe distinctif.

C'est cet entraînement permanent, tellement dur au début que de jeunes sapeurs se font quelquefois renvoyer du corps pour y échapper et qui, les premières fatigues vaincues, devient l'exercice favori des autres, c'est cet entraînement, disons-nous, qui en faisant du tiers au moins de nos hommes des

Deux bureaux télégraphiques, un pour le service, l'autre pour l'instruction [1] ;

Un caveau pour les exercices de feux de sous-sol, avec l'appareil à feux de cave [2] ;

Des bouches d'incendie de tous les modèles sur une conduite amenée *ad hoc* ;

Une cheminée-séchoir de 22 mètres de hauteur au moins, pour les demi-garnitures de pompe à vapeur ;

Des remises très sèches et susceptibles d'être chauffées pendant l'hiver, pour le matériel ;

Un pavillon spécial avec remise et écurie pour la pompe à vapeur, et logement au premier étage pour son équipe et le sous-chef égoutier, qui marche avec elle.

Des onze casernes occupées par le corps, une seule, celle de Château-Landon, a été construite en vue de sa destination spéciale. Malgré quelques modifications nécessitées par la diminution, après travaux commencés, de la surface qui lui avait été primitivement affectée, elle est très belle, très bonne, et l'expérience acquise dans sa construction permettra d'éviter dans les prochaines les imperfections, de peu d'importance

gymnastes d'une agilité, d'une vigueur et d'une audace exceptionnelles, explique le nombre insignifiant de sinistres humains à Paris.

1. Voir l'appendice, note J.

2. Un puits serait bien utile pour les exercices de ce genre de sauvetage, qui se présente assez souvent.

d'ailleurs, qui existent dans celle-ci. Il serait toutefois
à désirer que la rue de l'Aqueduc, qui lui fait face, soit
rendue accessible aux voitures dans toute sa longueur
afin d'éviter aux détachements d'incendie qui ont à se
porter dans cette direction le retard causé par le dé-
tour qu'ils sont obligés de faire.

Parmi les dix autres casernes, six satisfont convena-
blement aux exigences du service : ce sont celles de
Passy, rue Blanche, Grenelle, Château-d'Eau, Poissy,
Sévigné ;

Une, celle du Vieux-Colombier, est très médiocre
en raison de sa hauteur exagérée d'étage et de l'exi-
guïté de ses escaliers et remises ;

Trois sont nettement mauvaises : ce sont celles du
boulevard de Reuilly, des rues de la Mare et Jean-
Jacques Rousseau.

Nous ne parlerons pas de la caserne du boulevard
de Reuilly qui doit être abandonnée et remplacée
d'ici à deux ans par une autre construite à l'angle de
la rue de Chaligny et du boulevard Mazas, c'est-à-dire
dans une situation excellente pour la défense du XIIᵉ
arrondissement.

La caserne de la rue de la Mare est mal située au
point de vue stratégique : son emplacement indiqué
par la topographie et par la statistique des feux est
sur le boulevard de Belleville, là où il est coupé par les
rues Oberkampf et de Ménilmontant, ou très à proximité. Aujourd'hui elle est au milieu de rues tor-

tueuses, en pente, où il faut constamment monter et descendre; elle est éloignée de son centre habituel d'action, qui est la partie N.-E. du XIᵉ arrondissement, tandis qu'elle ne marche presque jamais dans la direction opposée. Considérée en elle-même, c'est un vieux bâtiment en mauvais état, adossé à un massif de terre dont les infiltrations entretiennent dans toutes les pièces du rez-de-chaussée une extrême humidité, et insuffisante pour une bonne instruction professionnelle.

La caserne de la rue Jean-Jacques-Rousseau est également mal située au point de vue stratégique : sa véritable place serait sur celle de Notre-Dame-des-Victoires, au carrefour de six grandes voies d'où elle rayonnerait facilement sur toute sa zone de défense. Tout au moins eût-il été désirable que l'on profitât de la reconstruction de l'hôtel des Postes pour comprendre dans les expropriations qui en sont le préliminaire obligé l'ilot qu'elle occupe, et le remplacer par une caserne satisfaisant aux exigences du service, *et ayant sa sortie du côté opposé à l'hôtel des Postes.* C'est en effet un non-sens que de voir la porte d'une caserne de Sapeurs-pompiers, dont les secours ne peuvent jamais sortir trop vite, se trouver en face d'un édifice qui est constamment le centre d'arrivée ou le point de départ d'innombrables voitures par lesquelles la circulation est entravée à ce point que l'on voit fréquemment dans cette rue ou les rues immédiatement voisines un détachement d'incendie cerné et obligé d'attendre, avant de pouvoir passer, une et deux minutes pendant lesquelles le feu gagne rapidement, sans parler des accidents qui résultent de cette situation illogique [1]. La caserne elle-même est encore un vieux bâtiment vermoulu, à quatre étages, à cour tellement exiguë que l'on ne peut même y placer dans l'ordre réglementaire un détachement d'incendie. On se fait aisément une idée des difficultés auxquelles se heurte une instruction aussi délicate que la nôtre, faite dans des conditions aussi désavantageuses.

Ajoutons, et nous n'étonnerons personne, que les réparations de ces casernes sont pour la ville un véritable rocher de Sisyphe, puisqu'elle est obligée de recommencer tous les ans sans arriver à autre chose qu'à les faire tenir à peu près debout, et qu'il y aurait, nous ne pensons pas nous tromper, économie et avantage pour elle à prendre un grand parti et à substituer des bâtiments neufs et rationnels à ces adaptations caduques et insuffisantes.

On peint en ce moment, dans les réfectoires de la troupe des huit premières casernes, un plan mural de la zone à défendre, à une échelle aussi grande que le

---

1. Depuis un an seulement, un factionnaire a été culbuté par une voiture des postes et son fusil brisé ; un caporal, pris sous sa pompe renversée par une autre voiture, a eu la cuisse démise et a dû être retraité.

comporte la paroi, et avec indication de toutes les ressources publiques et particulières en eau. Les sapeurs qui ont ce plan d'ensemble sous les yeux pendant la durée de leurs repas, et qui en retrouvent les éléments dans leurs postes, tous munis d'un plan reproduisant, pour la sphère d'action de ce dernier, les indications du plan général, acquièrent en peu de temps une connaissance presque automatique de leur terrain et des moyens de défense qui y existent.

Les postes sont installés au rez-de-chaussée d'établissements publics ou de maisons particulières louées *ad hoc* par la ville; ils se composent invariablement d'une pièce pour le séjour des hommes et la table télégraphique, d'une remise (servant aussi de bûcher) pour la pompe et l'appareil à feux de cave.

Réglementation municipale préventive. — Les principales ordonnances de police sont :

L'ordonnance du 2 janvier 1867, concernant la fabrication et le commerce des huiles minérales et autres hydrocarbures;

L'ordonnance du 15 septembre 1875, concernant les incendies;

La consigne générale pour le service d'incendie dans les théâtres, établie par le colonel des Sapeurs-pompiers et homologuée par arrêté du Préfet de police du 16 juin 1879;

(Ces trois documents sont reproduits dans le *Manuel du Sapeur-pompier*);

Les arrêtés du 18 février 1862 et 2 avril 1868, relatifs aux conduites et appareils d'éclairage et de chauffage par le gaz à l'intérieur des bâtiments et habitations;

L'arrêté du 8 août 1874, sur la construction des tuyaux de fumée dans l'intérieur des maisons de Paris (vient d'être révisé et modifié).

Surveillance. — En dehors des cas de flagrant délit entraînant un commencement d'incendie, les fonctionnaires de l'ordre administratif et judiciaire ont seuls qualité pour relever les contraventions aux ordonnances sur la sécurité publique. Les Sapeurs-pompiers n'exercent de surveillance préventive que dans les bâtiments de l'État et de la Ville où ils ont des postes permanents , et les théâtres où ils entretiennent des grand'gardes.

Les 1450 hommes (chiffre moyen) disponibles du régiment fournissent chaque jour le service suivant[1] :

Officiers de garde.............................	12	20
Officiers de ronde et visite..................	8	
Sous-officiers de ronde et visite............	15	
Sous-officiers, caporaux et sapeurs de garde et grand'garde...............................	534	
Sous-officiers, caporaux et sapeurs de piquet d'incendie	165	898 h.
Sous-officiers, caporaux et sapeurs de représentation	172	
Sous-officiers, caporaux et sapeurs de pompes à vapeur (moitié de l'équipe)	12	

1. Le régiment étant renouvelé par quart chaque année, et les recrues ne montant la garde ou le piquet qu'environ 3 mois après leur arrivée, ce service est donc fait pendant 9 mois par les trois quarts seulement de l'effectif.

Ils fournissent en outre :

Chaque dimanche pour le service des matinées
théâtrales (en moyenne)....................   72 h.

Pour le service des épreuves :

Tous les mois dans cinq
théâtres................. 3 off., 52 s.-off., cap. et sap.
Tous les mois dans Banque,
Bibliothèque, ministère des
finances................ 2   »   2   »
Tous les 2 mois dans 18 théâ-
tres................... 7   »   81   »
Tous les 3 mois dans les mi-
nistères et le Palais de jus-
tice................... 1   »   1   »
Tous les 6 mois dans 44 théâ-
tres................... 15   »   122   »
Tous les 6 mois dans les hô-
pitaux................. 7   »   14   »

Pour l'instruction du personnel de l'assistance publique :

Tous les 3 mois........... 51 s.-off., cap. et sap.

Pour les épreuves du matériel acheté par les communes chez les fabricants :

Tous les vendredis........ 13 s.-off., cap. et sap.

Un sergent est spécialement chargé, sous la direction du capitaine ingénieur, de tout ce qui est relatif
à la canalisation de l'eau et du gaz dans les théâtres.
Au commencement de chaque mois, les mécaniciens
et sous-mécaniciens des pompes à vapeur doivent ins-

pecter et éprouver toutes les bouches de 100 millimètres de leur circonscription.

Le service de garde et de grand'garde est réparti en :

93 postes de ville,

4 postes de grands établissements,

26 grand'gardes de théâtre.

Dans tous les bâtiments de l'État et de la Ville où il y a un poste du régiment, des rondes sont faites au compteur pendant la nuit par les sapeurs de garde, comme l'indique la consigne des théâtres.

Tous les ans, chaque lieutenant ou sous-lieutenant fait, comme travail d'inspection générale, l'étude complète d'un îlot dangereux (fabriques de matières combustibles, pâtés de maisons à accès difficile, etc.), d'un théâtre ou d'un grand établissement public. Le mémoire est accompagné de deux plans : l'un donnant l'état des lieux et des défenses contre le feu qui peuvent y exister; le second, les modifications ou améliorations dont ces défenses paraissent susceptibles, et le projet d'attaque de l'îlot ou de l'édifice en cas d'incendie. Ce travail arrive par la voie hiérarchique au lieutenant-colonel, qui en fait la discussion et la critique devant son auteur et les autres officiers. Les capitaines ne font ce travail qu'une fois, à leur arrivée au corps.

Caisse de secours. — Il n'en existe point au régiment, puisque l'État paye les retraites des officiers et hommes de troupe du corps. Il paye encore les gratifications renouvelables aux sapeurs dont les blessures ou infirmités ne sont pas assez graves pour leur conférer le droit à la retraite, les traitements de décorations, médailles, pensions de veuves, etc. [1].

Traitements. — Les officiers de Sapeurs-pompiers sont logés par la Ville dans les mêmes casernes que leur troupe et touchent les traitements suivants :

GRADES	SOLDE NETTE (par an).	FRAIS DE SERVICE OU DE BUREAU (par an).	SERVICE PAYÉ (par an).	TOTAL
Colonel	11052	2628	»	13680
Lieutenant-colonel	8640	432	»	9072
Chef de bataillon	6660	»	»	6660
Major	6660	468	»	7128
Capitaine ingénieur	4464	»	504	4968
Capitaine adjudant-major	de sa classe	216	504	»
Capitaine instructeur de gymnastique	id.	108	504	»
Capitaine trésorier	id.	3600	504	»
Capitaine d'habillement	id.	396	504	»
Capitaine de 1re classe	4356	»	504	4860
— de 2e classe	4068	»	504	4572
Lieutenant de 1re classe	3168	»	504	3672
Lieutenant de 2e classe	3096	»	504	3600
Sous-lieutenant	2988	»	504	3472
Médecin-major de 1re classe	6606	»	»	6606
Médecin-major de 2e classe	3276	»	»	3276

1. Voir l'appendice, note K.

TROUPE	SOLDE PAR JOUR	SERVICE PAYÉ (par jour).	PRIME JOURNALIÈRE D'ENTRETIEN	ALLOCATIONS SPÉCIALES	
				Après 5 ans de service.	Après 10 ans de service.
Adjudant sous-offi-cier.............	5,17	0,70	»	0,75	1,00
Chef armurier.....	5,17	»	»	0,75	1,00
Sergent-major	2,97	0,70	0,45	0,75	1,00
Sergent et fourrier.	2,10	0,70	0,45	0,75	1,00
Caporal de 1re classe.	1,71	0,46	0,45	0,12	0,15
— de 2e classe.	1,51	0,46	0,45	»	»
Clairon...........	1,09	0,43	0,45	»	»
Sapeur de 1re classe.	1,04	0,43	0,45	»	»
— de 2e classe.	0,94	0,43	0,45	»	»
Enfant de troupe..	0,64	»	0,07	»	»

Cette haute paye de 0,75 et 1 fr. par jour accordée
aux sous-officiers après cinq et dix ans de service
n'est perçue que par ceux qui sont rengagés sous
l'empire de la loi du 27 juillet 1872 ou commissionnés.
Ceux qui sont rengagés dans les conditions définies
par la loi du 22 juin 1878 touchent les mêmes allocations que dans l'armée. Les sous-officiers, caporaux
et sapeurs touchent en outre la haute paye d'ancienneté, après 5 et 10 ans de service (0,30 et 0,50 pour
les sous-officiers, 0,12 et 0,15 pour les caporaux
et sapeurs). La solde que nous venons d'indiquer
pour les caporaux est toute récente. Sur 119 postes
d'incendie ou grand'gardes de théâtre, ils en com-
mandent 114, composés de deux et trois sapeurs desquels les sépare la seule épaisseur d'un galon de
laine, et dispersés sur toute la surface de Paris. Ils

doivent être toujours et partout les premiers au danger, et ils y sont si bien que ce sont eux qui fournissent la presque totalité des morts et des blessés. Dans les incendies de bâtiment, c'est le caporal qui doit pénétrer jusqu'au foyer pour le reconnaître et l'attaquer ensuite, et de ce premier engagement avec le fléau, suivant qu'il sera ou non conduit avec intelligence et résolution, dépendent dix-neuf fois sur vingt les proportions qu'il prendra. Dans les feux de cave et de fournil, si périlleux, c'est le caporal qui doit endosser l'appareil, dont la moindre fausse manœuvre le menace d'asphyxie. S'agit-il de retirer quelqu'un d'un puits? C'est encore le caporal qui doit y descendre; de faire un sauvetage ou une arrestation sur les toits? C'est toujours le caporal qui doit se faire amarrer et aller saisir l'aliéné ou le criminel, au risque d'être précipité dans la lutte et brisé par la secousse.

C'est donc véritablement sur leur valeur professionnelle et leur sentiment du devoir que repose la sécurité publique. Ajoutons que tout espoir d'avancement leur est à peu près interdit, puisque nos sous-officiers, grâce à la situation qui leur est faite, rengageant [1] ou commissionnant presque tous, 1/10 seulement des caporaux peut espérer les galons de sergent.

---

1. Une décision ministérielle spéciale, du 10 février 1879, élève à la moitié du cadre des sous-officiers le nombre de ceux qui peuvent être admis à contracter un rengagement, et qui n'est que de 1/3 dans le reste de l'armée.

En échange de cette responsabilité permanente, de ces dangers redoutables et incessants, de cet avenir limité, le caporal de 2ᵉ classe touchait par jour 0,13 de plus que le sapeur de 1ʳᵉ classe! On comprend que nous trouvions difficilement des candidats pour ce grade, et que tous les caporaux sans exception prenaient leur congé à l'expiration de leur temps de service.

Préoccupé de cette situation, nous avions, dès le mois de juin 1879, déposé une demande de crédit pour augmenter de 0,37 par jour la solde des caporaux et porter ainsi à 0,50 l'écart entre le caporal de 2ᵉ et le sapeur de 1ʳᵉ classe. Dans sa séance du 25 mai dernier, le Conseil municipal a bien voulu accorder cette augmentation à partir du 1ᵉʳ juin.

Le service payé est destiné à indemniser les officiers inférieurs et hommes de troupe de celui qu'ils font dans les théâtres, avec les directeurs ou propriétaires desquels les Compagnies d'assurances ne traiteraient qu'à des prix énormes, sans cette garantie. Autrefois, cette indemnité était payée de la main à la main : il n'est pas besoin d'insister sur les inconvénients de toute nature qu'offrait cette manière de procéder. Depuis 1861, les théâtres sont les débiteurs de la Ville et non du régiment. Les officiers inférieurs touchent avec leur solde, les hommes de troupe avec leur prêt et par journée de présence l'indemnité fixe mentionnée au tableau ci-dessus. A la fin de chaque représentation, le sous-officier chef de détachement touche au contrôle, sur quittance préparée par l'adjudant-major de semaine, le montant du service payé et le remet en rentrant à la caserne à son sergent-major, qui en fait tous les cinq jours le versement entre les mains du trésorier. Cet officier à son tour opère chaque mois, dans la Caisse municipale, le versement des recettes pour tout le régiment[1].

Tous ces traitements sont non seulement plus que suffisants, ils sont encore très larges et très beaux, bien que les officiers supérieurs se trouvent dans cette singulière situation d'avoir vu leur solde, non pas rester stationnaire, mais diminuée au moment même où l'État augmentait celle de leurs collègues. En effet, ils ont dû subir comme eux, à partir du 1er juillet 1878, la retenue de 5 0/0 substituée à celle de 2 0/0 par suite de l'augmentation des retraites, mais n'ont pas été admis à bénéficier, comme les capitaines, lieutenants et sous-lieutenants du corps, de l'accroissement de solde prononcé en faveur de tous les officiers par les décrets du 25 décembre 1875, du 8 mars 1878, et spécialement des lieutenants-colonels d'infanterie par celui du 30 décembre 1878.

Hâtons-nous d'ajouter que le Conseil municipal, dont la religion a été surprise[2], ne saurait être rendu responsable de cette bizarrerie, et qu'elle

1. Voir l'appendice, note L. — 2. Ibid., note M.

n'amoindrit en rien la juste réputation de très grande libéralité de la Ville à l'égard de tous ses fonctionnaires, et peut-être plus particulièrement encore des Sapeurs-pompiers; ni, avons-nous besoin de le dire? le sentiment de devoir poussé jusqu'à ses dernières limites chez tous les officiers.

Budget. — Le corps établit lui-même son budget et l'adresse au Préfet de police. Ce haut fonctionnaire, après l'avoir vérifié et modifié s'il y a lieu, lui affecte un chapitre de son budget général et l'adresse au Conseil municipal, à l'une des commissions duquel son examen est dévolu, devant laquelle il est discuté par le secrétaire général de la préfecture de police, et sur le rapport de laquelle il est voté avec ou sans modifications par le Conseil [1].

Nous ne saurions assez regretter cette forme de procédure. Entre le secrétaire général, pour lequel le service d'incendie ne peut être qu'un rouage, le moins familier, de sa machine déjà compliquée, et les membres de la Commission, si intelligents et laborieux qu'ils puissent être, mais les uns et les autres absolument étrangers au service technique, on ne peut éviter qu'à chaque instant des questions restent pendantes, qu'il faille recourir, pour les élucider, à une correspondance avec nous qui ne remplace jamais, comme précision et surtout comme temps, une discussion ver-

1. Voir l'appendice, note N.

bale, et que de guerre lasse on n'en tranche quelques-unes, rarement pour le mieux. Si l'individualité du chef du service d'incendie ne peut être que modeste à côté de celles qui dirigent les autres services de la Ville, il serait difficile, en revanche, de contester que l'importance de son service est au moins égale à celle des leurs, puisqu'il a charge de la fortune et de la vie des citoyens, et c'est certainement la plus étrange des anomalies qu'il soit précisément le seul qui ne vienne pas expliquer et défendre devant le Conseil le budget destiné à lui donner les moyens de sauvegarder, dans les limites humainement possibles, cette vie et cette fortune. Que d'erreurs seraient redressées[1], que de malentendus seraient dissipés s'il en était autrement !

Nous donnons ci-après le relevé des dépenses de l'exercice 1879 :

Préfecture de police.

Personnel.

Solde et accessoires de solde aux officiers..........................	234 563ʳ,34	
Part contributive de la ville dans la solde et les frais de bureau du sous-intendant militaire.........	2 908 »	1 151 760ʳ,85
Solde et accessoires de solde de la troupe............................	911 284 ,19	
Indemnité aux filles de sous-officiers, caporaux et sapeurs......	5 913 ,32	

1. Voir l'appendice, note O.

Matériel.

Service de santé. { Frais d'hô-pital..... 36 340f,50 (1) / Médica-ments.. 1 143 ,09 }   37 183 ,59

Abonn. de la literie des casernes..   36704 ,65
Entretien des armes.............   2 127 .99
Indemnité de route et de transport.   » (2)
Frais de gite et geôlage. ....   115 .11
Gratifications annuelles..........   12 700 »
Fournitures des écoles............   3 224 ,83

Matériel d'inc. { Fournit. diverses... 41 254f,77 / Indem. aux équipes de pompes à vap.. 4 134 ,75 / Indem. aux ateliers. 4 649 » / Abonn. de chevaux pour pompes à va-peur............ 10 000 » }   60 038 ,52

Télégr. { Indemnité aux mo-niteurs. .... 4 341 ,25 / Abonnements avec l'administration.. 13 425 » }   17 766 ,25

Corps de garde. { Literie...... 2 707 ,98 / Chauffage.. 20 779 ,92 }   23 487 ,90

Effets détériorés dans les incendies.   7 938 ,74
Divers (chev. d'of., vaguemestre, etc.)   6 559 ,84

                                      208 117 ,52

Préfecture de la Seine.

Casernes.

Location............... 30 700 »
Entretien .... 37 351 ,46
    — du mobilier... 4 882 ,27
Gages des concierges... 5 999 ,04 }   78 932 ,77

Postes de ville.

Location............... 15 660 ,45
Entretien. .... 2 491 ,76
    — du mobilier ... 2 912 ,90 }   21 065 ,11
Eaux. .... 8 563 »
Éclairage. .... 90 258 »

                                      198 818 ,88

1. Pour les trois premiers trimestres seulement, les frais du quatrième n'ayant point encore été réclamés par le département de la guerre.

2. N'ont pas encore été réclamés par le département de la guerre.

RÉCAPITULATION.

Personnel	1 151 760^f,85
Service payé par la ville ...	269 471 ,90
Total.........	1 421 232 ,75
Versé par le corps à la caisse municipale	245 088 ,95
Reste touché, net...............	1 176 143^f,80
Matériel......................	208 147 ,42
Compte de la préfecture de la Seine...........	198 818 ,88
Chiffre total de l'exercice........	1 585 110 ,10 [1]

En supposant que les frais d'hôpital ont été les mêmes pendant le 4e trimestre que pendant chacun des trois premiers (12 113 fr. 50), et que l'indemnité de route et de transport est égale à celle de 1878 (8803 fr. 60), on arrive au total de 1 604 027 fr. 20, qui est le montant rigoureusement exact, à quelques centaines de francs près en plus ou en moins, des dépenses de l'exercice 1879. Le chiffre du personnel sera augmenté pour 1880 de 40 à 42 000 francs, par suite de l'accroissement de solde des caporaux.

Statistique. — Nous donnons le relevé sommaire du registre d'incendies du corps depuis 1872 seulement. Nous n'avons pas cru devoir en effet fournir, en remontant plus haut, une série dans laquelle les années 1870 et 1871 auraient introduit des éléments d'appréciation tout à fait irréguliers.

1. Voir l'appendice, note P.

ANNÉES	FEUX : De cheminée.	Petits.	Moyens.	Grands.	TOTAL DES FEUX	Nombre de fausses alertes.	Total des appels d'incendie.	DÉGATS : Des petits feux.	Moyenne par feu.	Des moyens et grands feux.	Moyenne par feu.	TOTAL DES DÉGATS	Personnes retirées des sinistres : Mortes.	Vivantes.	Sapeurs : Morts au feu.	Blessés : Grièvement.	Légèrement.
1872	429	279	138	8	854	947	1801	62 577f	224f,29	3 150 490f	21 578f,69	3 776 067f	11 (1)	24	»	9	15
1873	519	307	123	6	955	1113	2068	62 601,50	203 ,94	7 558 700 (2)	59 517 ,32	7 621 301 ,50(2)	8 (3)	25	1 (4)	3	20
1874	660	372	126	6	1164	1025	2189	73 260	196 ,85	3 400 850 (5)	26 363 ,15	3 474 110 (5)	4 (6)	7	»	6	12
1875	951	443	144	5	1543	871	2414	76 647	173	4 027 990 (7)	27 401 ,30	4 104 637 (7).	6 (8)	50	»	5	15
1876	1039	460	188	18	1705	929	2634	89 469,50	194 ,91	10 578 850 (9)	52 631 ,14	10 668 219 ,50(9)	10(10)	16	2 (11)	3	33
1877	922	389	137	9	1457	512	1969	61 920	159	2 012 090	14 083	2 140 010	3(12)	12	»	8	14
1878	1132	592	170	13	2207	185	2392	87 943	148 ,55	4 620 450(13)	25 387 ,08	4 708 393 (13)	5(14)	12	»	6	32
1879	1856	654	204	20	2734	124	2858	144 130	220 ,38	5 251 900(15)	23 445 ,98	5 396 030 (15)	12(16)	26	»	4	29

1. 8 dans des puits, 3 sous des éboulements. — 2. Il manque les dégâts très considérables, non mentionnés sur les rapports, du feu de la rue Monge, 100, 11 juillet, et de l'Opéra, 28 octobre. — 3. 3 dans des puits, 5 dans une explosion de poudrière. — 4. Feu de l'Opéra. — 5. Il manque les dégâts des feux du passage de Ménilmontant, de la rue de Citeaux et de l'explosion du gazomètre du cours de Vincennes, non mentionnés sur les rapports. — 6. Dans des puits. — 7. Il manque les dégâts des feux de la place Vendôme et des Halles centrales, non mentionnés sur les rapports. — 8. 5 dans des puits, 1 sous un éboulement. — 9. Il manque les dégâts des feux de la rue de la Gare, de l'avenue de Paris, de la rue Dauphine, de l'Opéra (2 feux) et des Folies Dramatiques, non mentionnés sur les rapports. — 10. 8 dans des puits, 1 sous un éboulement, 1 aliéné mort sur un toit. — 11. Morts des suites de leurs blessures aux feux de la rue des Francs-Bourgeois, 11 février, et de la rue Riquet, 19 novembre. — 12. 2 dans des puits, 1 sous un éboulement. — 13. Dont 1 600 000 fr. pour 2 feux, celui des ateliers du Vieux-Chêne, rue de Crimée (1 000 000 de fr.), et celui des tanneries de la Glacière (600 000 fr.). — 14. 3 dans des puits, 1 dans un réservoir, 1 dans une explosion. — 15. Dont 833,000 fr. pour 2 feux, rue Emeriau (333 000 fr.) et rue Claude-Decaen (500 000 fr.). — 16. 6 dans des puits, 6 dans une explosion.

Pour le premier semestre 1880, les dégâts s'élèvent à 5 947 438 francs pour 1263 feux, savoir :

	fr.	fr.
1150 feux de chem. et pet. feux.	66 548, soit	57,43 par feu.
113 moyens et grands feux...	5 880 890, »	52013 »

Sur ces 5 880 890 francs, deux feux comptent pour 3 500 000 francs :

Celui de la rue de Chabrol, qui a éclaté à plus de 750 mètres d'un poste d'incendie et où les pompes à vapeur étaient obligées de prendre l'eau à près de 400 mètres ;

Celui de la Lorraine, où il n'y avait pas assez d'eau et où, eût-on trouvé de l'eau, on n'aurait pu concentrer un assez grand nombre de pompes à vapeur.

Nous croyons que la marche ascendante, et rapidement ascendante du nombre des incendies, complètement en rapport d'ailleurs avec le développement, sur lequel nous ne cessons d'insister, de la population et de l'industrie, est la réponse la plus topique aux clameurs des *sapeurs de cabinet* qui ont protesté contre l'élévation d'effectif du régiment, et que la diminution correspondante du chiffre moyen des dégâts dans les petits feux (excepté dans l'année 1879, pendant les deux derniers mois de laquelle nous avons été constamment aux prises avec la neige dans les rues et l'eau gelée dans les conduites), qui intéressent le plus grand nombre des citoyens, leur fera envisager d'un tout autre œil l'opportunité de la demande qu'un de nos prédécesseurs avait faite de cette augmentation, et le grand bon sens de la majorité du Conseil municipal, qui estima cette fois qu'en matière de service d'incendie il y avait des chances pour que ce fût le chef de ce service qui sût le mieux ce qu'il convenait de faire.

Nous avons dit, p. 62, que « le service d'incendie de Paris était le mieux constitué et le mieux outillé pour empêcher les feux de passer à l'état de sinistre, mais que, lorsque ce sinistre éclatait, il était le plus mal armé pour le combattre et en arrêter les conséquences désastreuses. » La proportion infinitésimale des grands feux (dont le nombre s'accroît aussi pourtant chaque année) par rapport au total général justifie la première partie de notre proposition ; la seconde trouve sa confirmation dans le chiffre énorme qu'atteignent les dégâts de ces grands feux, dont trois ou quatre suffisent, chaque année, pour donner les deux tiers de la perte totale. Or, dans une ville comme Paris, qui prétend justement au titre de *capitale du monde civilisé*, lorsque le chiffre annuel des dégâts par le feu, en dehors des incendies de théâtre ou de fabrique de produits chimiques, dépasse la somme de deux millions, de deux choses l'une : ou le service d'incendie est incapable, ou des moyens d'action suffisants ne lui sont pas donnés. Le tableau ci-après, qui résume et rapproche tous les éléments de la question pour

Paris et chacune des grandes villes des États-Unis dont nous avons exposé l'organisation, permettra au lecteur dont l'opinion ne serait pas encore faite de se prononcer définitivement sur ce dilemme.

Statistique comparative. — On sait qu'aux États-Unis les recensements de la population sont quinquennaux. Les dépenses des services d'incendie américains nous ayant été données pour l'année 1879, nous avons pu avoir le rapport rigoureusement exact de cette dépense au chiffre de la population en les rapprochant du recensement de 1880, qui correspond au dernier jour de cette même année 1879. Une exception doit être faite pour San-Francisco, dont nous n'avons que le recensement annuel de 1870; nous avons admis qu'en lui supposant, eu égard à sa population à cette époque, un accroissement proportionnel à celui des autres villes depuis cette même année 1870, nous aurions un chiffre suffisamment exact.

D'autre part, on a vu que la statistique annuelle des dégâts s'arrêtait pour New-York à 1876, pour Boston à 1878, que nous n'avions pour Philadelphie que 1876 et 1877, et pour toutes les autres villes que 1879. Nous avons donc comparé les dégâts de New-York et de Boston en 1875, et de Philadelphie en 1876 (il y a eu un recensement cette année-là), avec la population correspondante à ces dates.

VILLES	POPULATION	Alimentation journalière en eau. Totale.	Par tête d'habitant.	NOMBRE D'EMPLOYÉS	Proportion d'habitants pour 1 employé.	Nombre annuel d'incendies. Total.	Par tête d'habitant.	Valeur annuelle des dégâts. Totale.	Par tête d'habitant.	Montant annuel des dépenses du service d'incendie. Total.	Par tête d'habit. (1)	VALEUR DU MATÉRIEL D'INCENDIE
		m. c.	l.					fr.	fr.	fr.		fr.
Paris.	2 000 000	335 500	136	1740	1149	2734	0,0014	5 396 030(2)	2,69	1 604 027	0,80	331 200(4)
New-York { 1875	1 041 886	»	»	»	»	1418	0,0013	12 000 000	11,5!	»	»	»
{ 1879	1 207 000	939 097	778	730	1517	»	»	»	»	6 403 850	5,30	»
Philadelphie { 1876	817 448	»	»	»	»	810	0,0009	6 834 520	8,36	»	»	»
{ 1879	843 000	»	»	»	»	»	»	»	»	2 200 000	2,61	»
Chicago	474 000	»	»	396	1197	478	0,0010	1 608 164	3,39	2 935 832	6,19	5 027 653
Boston { 1875	341 920	»	»	»	»	483	0,0014	2 706 350	7,91	»	»	»
{ 1879	360 000	»	»	619	581	»	»	»	»	2 841 920	7,89	1 536 425
Baltimore	350 000	»	»	199(3)	1758	123	0,0003	1 058 899	3,02	811 884	2,32	»
San-Francisco	212 932	231 457	1086	294	724	254	0,0012	1 772 590	8,32	1 280 009	6,01	»

1. Nous croyons devoir donner ce même chiffre pour quelques villes d'Europe, en 1878 : Brême, 1.57. Christiania, 2,03. Hambourg, 2,12. — 2. Ce chiffre est sensiblement égal à la moyenne de 1872 à 1879, qui est de 5 236 096. — 3. Non compris le personnel télégraphique. — 4. Voir l'appendice, note R.

De conclusion, nous n'en formulerons point ; nous avons dit en commençant que nous laisserions ce soin au lecteur, et nous tenons notre parole. Mais il est une question que, en notre qualité de chef du service d'incendie de la ville de Paris, service auquel elle se lie étroitement, nous considérons comme un devoir de poser à l'occasion de cette étude et comme déduction des résultats statistiques qui la terminent.

Assurances. — « L'article 43 du décret du 18 septembre 1811, en mettant les dépenses du corps des Sapeurs-pompiers à la charge de la ville de Paris jusqu'à l'établissement d'une compagnie d'assurances contre les incendies, indiquait l'intention d'exonérer de cette subvention, dans un avenir plus ou moins rapproché, le budget de la capitale, et de faire supporter, au moins en partie, par les compagnies d'assurances, une dépense qui devait leur être plus particulièrement profitable ; mais diverses considérations se sont opposées à ce qu'il en fût ainsi. La contribution qu'il aurait fallu prélever sur les compagnies aurait nécessairement élevé les primes d'assurances et suscité des obstacles à une institution qu'il importait de populariser dans le pays ; le gouvernement, dans sa sagesse, a dû reculer devant cette conséquence. Le Conseil municipal de la ville de Paris, qui avait réclamé à plusieurs reprises, et récemment encore, lors de la création d'une cinquième compagnie (en 1845), l'exécution des dispositions du décret de 1811, semble avoir reconnu lui-même la gravité de la question en cessant d'insister sur ce point [1]. »

Nous ne savons ce qui a pu modifier les idées du Conseil ; mais nous constatons qu'en 1877 il a remis sur le tapis et, selon nous, avec pleine raison, sinon dans la forme la plus pratique, la question de la contribution des compagnies d'assurance. On lit en effet dans le rapport au Conseil sur le budget de la préfecture de police pour 1879 :

« Les dépenses des Sapeurs-pompiers pourraient être atténuées si, comme le demandait M. Levraud dans son rapport du 29 novembre 1877, les compagnies d'assurances étaient tenues d'y participer. Ce système, disait notre collègue, existe dans plusieurs villes de l'étranger et notamment à Londres, où il donne d'excellents résultats.

« Dans cette dernière ville, en effet, un arrêt du Parlement, daté de 1865, a réglé le payement des dépenses occasionnées par ce service; le gouvernement y contribue pour 250 000 francs, les compagnies d'assurances pour 875 francs sur chaque somme de 25 millions assurée par police directe, et enfin une taxe de 0 fr. 0525 par 25 francs est établie sur la valeur locative des biens immeubles. D'après les derniers comptes rendus, les dépenses se sont élevées à 2 mil-

1. *Manuel du Sapeur-pompier*, notice historique, p. xvi.

lions, et elles ont été couvertes de la manière suivante :

1° Par la contribution du gouvernement.........   250 000
2° Par la contribution des compagnies d'assurances.   500 000
3° Par les produits de la taxe de 0 fr. 0525........   1 250 000
                                    ____
                          Total....   2 000 000

« Ce qui donne la proportion de :

« 12 0/0 par le gouvernement,

« 25 0/0 par les compagnies,

« 62 1/2 0/0 par les contribuables.

« Devant ces résultats, nous nous demandons s'il ne serait pas possible d'appliquer à Paris le système qui réussit si bien à Londres. Nous ne nous dissimulons pas que cette question est grosse de difficultés, mais nous pensons qu'elle pourrait être mise à l'étude. »

Le rapport est suivi d'une lettre écrite le 17 octobre 1878 par le Préfet de la Seine au président du syndicat des grandes compagnies d'assurances pour les inviter à contribuer aux dépenses du régiment de Sapeurs-pompiers, et de la fin de non-recevoir qu'opposèrent, à la date du 15 novembre suivant, les directeurs des six compagnies syndiquées.

Nous nous permettons de penser qu'une candeur particulièrement robuste pouvait seule admettre la probabilité d'une autre solution. Mais nous devons au moins protester contre l'assertion contenue dans le dernier paragraphe de cette réponse, et ainsi conçu :

« Si nous consentions à supporter à Paris les dépenses de cette nature, nous serions sans droit pour les refuser aux très nombreuses communes de France qui ont *également* des compagnies de pompiers à entretenir..... »

Nous ne connaissons en France, pour notre part, que la ville de Paris qui ait un corps de Sapeurs-pompiers régulier, spécial, dont la solde soit journalière et permanente comme son service, et nous pensons que l'on aurait quelque peine à nous en indiquer une autre. Ceci posé, si l'on veut prendre au hasard dix villes de France et faire à leur égard, vis-à-vis de Paris, le rapprochement statistique que nous venons de présenter entre cette dernière ville et celles des États-Unis, on verra ce qu'il faut penser de cette allégation.

Ce n'était donc point, selon nous, aux compagnies d'assurances, dont le refus n'était pas douteux, qu'il fallait s'adresser. C'était aux Chambres, qui n'auraient vraisemblablement pas cru faire acte tyrannique en votant ce qu'avait voté le Parlement de la libre Angleterre. On ne l'a pas fait, et nous nous en félicitons, car les compagnies d'assurances, comme le dit fort justement le passage de la notice historique que nous avons reproduit, eussent augmenté leurs primes, et, en admettant qu'elles n'aient pas profité de l'occasion pour le faire dans une proportion plus grande que celle exigée par la nouvelle loi, c'eût toujours été en fin de compte le contribuable qui aurait payé. Pourquoi donc ne pas s'adresser directement à lui et sans intermédiaire?

Nous savions que ce système fonctionne dans différents pays, notamment en Suisse. Sur notre demande, favorablement accueillie par M. le ministre des affaires étrangères et par lui transmise à l'ambassadeur de la République à Berne, ce dernier a bien voulu nous faire parvenir le Code sur « la législation de la Suisse concernant les assurances », publié par le Bureau de statistique du département fédéral de l'intérieur. Il ne saurait entrer dans notre plan de donner une analyse, même sommaire, de ce document. Nous nous bornerons à dire que l'article 34, alinéa 2, de la nouvelle Constitution fédérale, ayant décidé que les « opérations des entreprises d'assurances non instituées par l'État seraient soumises à la surveillance et à la législation fédérales », l'assurance est *obligatoire* pour tous les citoyens, et que les quelques compagnies particulières qui fonctionnent encore à côté de l'assurance cantonale ne sont, à proprement parler, que des annexes de cette dernière. Il en résulte que les contribuables bénéficient soit directement, soit par l'augmentation des recettes du budget cantonal, de toute la somme que distribuent à leurs actionnaires, sous forme de dividendes, les compagnies d'assurances indépendantes.

Si nous nous reportons aux chiffres du rapport sur le budget de 1879, nous constatons que, à 875 francs pour chaque somme de 25 millions assurés, la contribution de 500 000 francs des compagnies d'assurances correspond à une valeur assurée de 14 milliards 300 millions. Il n'est peut-être pas excessif d'admettre pour le Paris de 1880, en regard de cette somme pour le Londres de 1876 ou 1877, une valeur de 10 milliards que l'assurance *obligatoire* augmenterait encore dans de notables proportions, et il suffit de la rapprocher de l'échelle *ad periculum* des compagnies d'assurances pour se faire une idée des sommes énormes qu'elles encaissent annuellement.

Nous sera-t-il dès lors permis de terminer par cette simple question :

Avec un service de secours contre l'incendie comme celui qu'elle possède, et surtout celui qu'elle possèdera quand elle voudra le pourvoir, pourquoi la Ville ne se ferait-elle pas son propre assureur ? Et nous trompons-nous en pensant qu'elle trouverait dans cette institution, et d'une façon permanente, les quelques millions qu'elle a inutilement cherchés il y a cinq ou six mois ?

APPENDICE

ET PIÈCES JUSTIFICATIVES

Emergit depressa veritas.
(Cicéron).

Note A.

Page 65. — Dans les séances du 29 décembre 1879 et du 13 avril 1880, le Conseil municipal a refusé et maintenu le refus du crédit habituel de 2707 fr. 20 pour l'entretien des armes des Sapeurs-pompiers, afin de contraindre le ministre de la guerre à les désarmer.

Cette mesure est une violation de la loi, laquelle dit (loi du 13 mars 1875, art. 33) : « Les Sapeurs-pompiers de la ville de Paris constituent un RÉGIMENT D'INFANTERIE dont la composition est réglée par le tableau 9 de la série A annexée à la présente loi. Cette composition (*composition !* et non : *organisation !*) peut être modifiée, *de concert* avec la ville de Paris, et suivant les besoins du service, par décret du Président de la République. »

Supposons toutefois un instant que cette décision aboutisse : elle aurait certainement le résultat le plus original que l'on puisse imaginer. Ce n'est point la demande qu'adresseraient immédiatement au ministre de la guerre les 50 officiers du régiment de rentrer dans l'armée que nous qualifions ainsi, puisque ce départ est le but poursuivi par les instigateurs de la décision ; mais bien ceci : que les Sapeurs-pompiers *militaires*

11.

de Paris n'auraient pas d'arme, tandis qu'il n'y a pas 10 compagnies de pompiers *civils* de province qui n'en aient, et dont les municipalités ne les réclament jusqu'à ce qu'elles les aient obtenues.

Se peut-il qu'en 1880, moins de dix ans après cette lamentable guerre où tout ce qui porte aujourd'hui la barbe portait le fusil, il se trouve encore des gens qui ignorent ou feignent d'ignorer qu'il est le meilleur, le seul instrument de cette discipline inflexible, de cette obéissance passive et instantanée qui a fait la principale force de nos vainqueurs, et dont ils reconnaissent eux-mêmes la nécessité dans les grands sinistres, où il ne doit y avoir qu'une tête pour apprécier la situation, concevoir le plan d'attaque, et une volonté pour le faire exécuter par tous, même du geste ou du regard ?

NOTE B.

PAGE 66. — « Il est évident que, si l'élément militaire prédomine, c'est au détriment de l'élément technique. Comment pourrait-on en douter, quand on voit aujourd'hui le corps des Sapeurs-pompiers, que le comte Daru avait si intelligemment rattaché au génie, qu'il faisait inspecter par le directeur du génie de Paris, comme le veut le bon sens ; quand on voit, disons-nous, ce corps, dont le nom seul indique le service essentiellement technique, rattaché maintenant au bureau de l'infanterie du ministère de la guerre, inspecté par un général d'infanterie, recruté enfin exclusivement dans l'infanterie ! » (*Rapport fait au nom de la commission du budget*, séance du 16 décembre 1879, p. 13.)

Il est probable que le ministre qui a opéré ce changement, et le Parlement qui l'a sanctionné par la loi du 13 mars 1875, avaient pour agir ainsi d'excellentes raisons, dont nous n'avons point à connaître. Cette réserve faite, il ne nous en coûte nullement d'avouer que cette critique paraît très sensée et tout à fait digne d'être examinée sérieusement. Nous ferons seulement observer que si cette prétendue infériorité du service technique, due à l'organisation militaire, était bien la véritable cause de la campagne menée contre cette dernière, cette critique eût nécessairement et logiquement dû se compléter par la proposition suivante :

« Pourquoi le Conseil municipal de Paris, qui renferme dans son sein des ingénieurs (dont deux, têtes de promotion à l'Ecole polytechnique et à l'Ecole des mines, sont des spécialistes de premier ordre), des architectes éminents, des constructeurs et des industriels distingués, n'a-t-il placé aucun de ces hommes techniques dans la commission chargée de l'éclairer sur les questions techniques posées par le chef du service d'incendie ? » Les choses marcheraient autrement, pourtant !

NOTE C.

PAGE 69. — Peu de personnes sont à même de se faire une idée des fatigues, les unes accidentelles, les autres quotidiennes que supportent nos sapeurs. Une pompe armée pèse 565 kilogrammes; elle est traînée par trois hommes dont l'un porte en outre l'appareil à feux de cave, pesant 22 500, et qui ne doivent avoir, pour aller au feu, d'autre allure que le pas gymnastique. Le jour, passe encore; les sapeurs sont les enfants gâtés de la population parisienne ; dès qu'une pompe sort d'un petit poste, dix passants pour un se précipitent pour les aider. Mais, de minuit au matin, il n'y a personne dans nombre de rues ! Et de jour comme de nuit, quand il s'agit d'un départ de caserne, commandé par l'officier de garde, composé de deux pompes, deux tonneaux, un chariot d'incendie, la discipline la plus rigoureuse doit reprendre tous ses droits, pour éviter le désordre et les accidents qui en résulteraient inévitablement ; tout élément étranger au corps est sévèrement exclu. Que la rue monte, qu'il y ait de la boue, de la neige, il n'en faut pas moins arriver le plus vite possible. On arrive, souvent haletant, trempé de sueur, pour se mettre de suite dans l'eau ou tenir la lance, rôti par devant, gelé par derrière.

A côté de ces coups de collier, accidentels comme nous l'avons dit, fréquents toutefois dans certains quartiers, un autre détail du service, quotidien celui-là, est nécessairement la cause d'affections graves. Tous les soirs, dans les trente ou quarante théâtres de Paris, cinquante ou soixante sapeurs sont de faction au gril (la partie la plus élevée de la coupole au-dessus de la scène), dans lequel la température, dès le milieu du spectacle, n'est jamais inférieure à 32° ou 35°. Un quart d'heure après la représentation terminée, ces sapeurs sont dans la rue pour regagner leur caserne ; pendant une partie de l'hiver dernier, ils y trouvaient une température de 15, 18 ou 20 degrés au-dessous de zéro : écart en quelques minutes, 50° et plus !

On ne s'étonnera donc pas si, malgré le recrutement spécial d'un corps où les fantassins les plus robustes et les plus vigoureux sont seuls admis, le nombre des indisponibles pour maladies pendant les mois de février, mars, avril et mai 1880 est rarement descendu au-dessous de 175 et a fréquemment dépassé 200 : un homme sur neuf ; si nous avons eu, dans le premier trimestre de 1880, onze décès, dont un officier.

NOTE D.

PAGE 71. — « Organisé sur le pied des régiments d'infanterie, des régiments appelés à faire campagne, votre corps des Sapeurs-pompiers a un état-major trop nombreux, un état-major hors de proportion avec les nécessités de son service municipal et sédentaire. » (*Rapport fait au nom de la commission du budget.* séance du 16 décembre 1879, p. 22.)

Le tableau suivant donne, pour le corps civil de pompiers de New-York et pour le régiment de Sapeurs-pompiers de Paris :

1º Le nombre d'hommes de troupe,
2º Le nombre d'officiers supérieurs,
3º Le nombre d'officiers inférieurs,
4º La proportion de chacun de ces deux derniers nombres au premier.

Villes.	Nombre d'hommes de troupe.	Nombre d'officiers		Nombre d'hommes de troupe pour	
		supérieurs.	inférieurs.	1 off. supérieur.	1 off. inférieur.
New-York.	588 [1]	12	121	49	4,86
Paris......	1690	6	44	281,66	38,40

On sait d'ailleurs que dans les compagnies de province, le nombre de pompiers pour un officier ne dépasse qu'exceptionnellement 25, et est fréquemment au-dessous. Or, ils n'ont pas de service permanent.

NOTE E.

PAGE 74. — Soit en tout 207 pompes, ou en défalquant les 27 pompes d'école hors de service et les trois pompes de jardin, 177 pompes utilisables pour les incendies, ce qui est plus que suffisant.

On ne s'explique donc pas la nécessité de l'assertion suivante : « Il existe, tant en service qu'en magasin,

---

1. Non compris 18 employés d'administration, dont 4 ont rang d'officier. En les adjoignant au service actif, les chiffres 49 et 4, 86 deviendraient respectivement 50, 17 et 4, 82.

225 pompes à incendie des meilleurs modèles. » (*Rapport fait au nom de la 7ᵉ commission* à la séance du 24 avril 1880, p. 609.)

Note F.

Page 80. — Les partisans d'un service d'incendie civil à Paris ne contestent pas la nécessité d'une très forte discipline dans le corps des Sapeurs-pompiers ; ils prétendent seulement qu'elle peut exister sans l'organisation militaire, et à l'appui de cette théorie ils citent les employés de l'octroi, les gardiens de la paix, etc.

C'est un principe de calcul, comme aussi de discussion sérieuse, de ne comparer entre elles que des quantités de même nature. Or il ne s'agit ici ni d'employés de l'octroi, que nous estimons fort, ni de gardiens de la paix, que nous affectionnons tout particulièrement, mais dans l'âge et la nature du service desquels nous cherchons vainement des analogies avec la jeunesse nécessaire et le service de nos hommes ; il s'agit de Sapeurs-pompiers militaires, qui seraient, affirme-t-on, aussi disciplinés et aussi bons s'ils étaient civils. C'est donc parmi les pompiers civils, et non ailleurs, que doit être cherchée la démonstration de cette proposition. Nous avons quelque lieu de croire que ce n'est point fortuitement qu'on s'en est abstenu. Nous allons le faire, mais en nous limitant, pour ne pas froisser inutilement d'honorables susceptibilités, au fait le plus récent et qui est de notoriété publique.

Lyon possède un bataillon de pompiers, bataillon civil, bataillon municipal, cet idéal des *militarophobes*. Dans la nuit du 25 au 26 mai dernier, le théâtre des Célestins a brûlé de la cave aux combles, pour la deuxième fois depuis dix ans. L'administration a déféré au conseil de discipline du bataillon les pompiers qui étaient de garde

au théâtre dans la nuit de l'incendie : le conseil s'est
réuni le 3 juin. Nous citons le rapporteur :

« L'organisation du service des pompiers dans les
théâtres de Lyon est on ne peut plus défectueuse, attendu que ce qui s'est passé le jour de l'incendie des
Célestins est la reproduction exacte de ce qui se passe
quotidiennement. Le jour de l'incendie les boyaux des
réservoirs, qui doivent être développés sur la scène à
la fin de chaque représentation, n'avaient pas été dé-
faits.

« Les factionnaires n'étaient pas placés sur la scène,
comme le règlement l'exige. Aucun des pompiers ne se
trouvait dans le poste ; ils étaient tous quatre dans
le foyer des artistes, un d'entre eux dormait. »

Le rapporteur a conclu à la révocation du caporal et
des hommes de garde « qui, a-t-il dit, ont failli à leurs
devoirs et n'ont fait preuve ni de courage, ni de sang-
froid, ni de dévouement. »

Les pompiers incriminés ont donné des explications
desquelles il résulte que d'une part, ils ignoraient
absolument ce qu'ils auraient dû savoir, et d'autre part
qu'au moment du danger ils avaient complètement
perdu la tête. Le conseil n'a pas pensé qu'il y eût matière à révocation ; il a décidé qu'il suffisait de casser
le caporal et de rétrograder les deux pompiers de première classe.

Pour avoir manqué de courage ! de sang-froid !! de
dévouement !!!

Au régiment de Sapeurs-pompiers de Paris, ce caporal et ces sapeurs eussent été traduits devant un conseil de guerre pour abandon de leur poste et lâcheté en
présence de l'ennemi ; la peine prononcée par les art.
211 et 213 du Code de justice militaire est la peine de
mort.

Seulement, au régiment de Sapeurs-pompiers de Paris,
ce n'est point dans les registres des conseils de guerre,

mais dans son livre d'or, qu'il faut chercher les noms
de ceux auxquels les feux de théâtre (pour ne parler
que de ceux-là) ont coûté la vie. Ils s'appellent :

Le sapeur Maret, de garde à l'Ambigu à l'incendie
du 3 juillet 1827, brûlé en combattant le feu ;

Le sapeur Beaufils, de faction au cintre de la Gaité à
l'incendie du 21 février 1835, qui s'est laissé brûler à
son poste plutôt que de l'abandonner ;

Le caporal Bellet, enseveli sous les décombres à la
tête d'attaque où il tenait la lance, à l'incendie de
l'Opéra du 20 octobre 1873, plutôt que de reculer devant
une mort certaine, etc., etc.

Quant à ceux qui sauvent un théâtre à eux seuls,
avant l'arrivée des secours, à force d'intrépidité et de
sang-froid, comme au Théâtre Français le 20 mai 1863,
à l'Opéra, les 3 et 15 août 1876, ou vont arracher le personnel jusqu'au milieu des flammes, comme au Théâtre
Italien le 15 janvier 1838, quant aux blessés plus ou
moins grièvement, ils s'appellent : LE RÉGIMENT.

Voilà, au régiment de Sapeurs-pompiers de Paris, les
traditions qui remplacent, de la rampe au cintre des 26
théâtres confiés à sa garde permanente depuis l'ordonnance du 19 mars 1799, et des 25 établissements analogues ou cafés-concerts auxquels il ne fournit qu'un
service de représentation, celles que le capitaine rapporteur du bataillon civil de Lyon a eu le courage et le
regret de constater dans son corps.

NOTE G.

PAGE 100. — *Séance du Conseil municipal du
4 mai 1880.* — Un membre : « Les pompes à vapeur
« dont il est question ne fonctionnent pas journelle-
« ment, ce qui est d'ailleurs fort heureux, puisque c'est
« une preuve de la rareté des incendies. Les réchauf-
« feurs devront, au contraire, fonctionner constam-

« ment, pour que les pompes soient prêtes à tout évé-
« nement. N'y aurait-il pas là une dépense exagérée et
« peu en rapport avec les services qu'on peut attendre
« de ces appareils? S'il en était ainsi, il serait inutile, je
« crois, d'aborder cette étude. »

Si l'honorable membre nous eût fait l'honneur de nous
adresser cette question, nous lui eussions inconti-
nent répondu que la dépense serait de 0,22 par heure
ou 1927,20 par an pour une pompe de première classe,
et de 0,17 par heure ou 1569, 20 par an pour une
pompe de deuxième (chiffres maximum), soit 6634 fr. 80
par an pour les 4 pompes en service, ou 14 838 par an
pour les 9 pompes dont nous demandons l'établissement.

A coup sûr, c'est une dépense appréciable ; mais nous
croyons qu'aucun de ceux qui ont pu se rendre compte *de
visu* des immenses et désastreux progrès que peut faire
en 10' (nous ne parlons que de l'économie de temps pro-
curée par les réchauffeurs, puisque les chevaux ne sont
point en question pour le moment) un grand feu ne contestera qu'il suffira des dégâts évités à l'un des 15 ou 18
sinistres qui éclatent annuellement dans Paris, pour
payer plusieurs annuités de chauffage.

NOTE H.

PAGE 104. — « N'est-ce pas là (dans l'organisation militaire), en partie du moins, ce qui peut expliquer notre
infériorité sous le rapport du matériel de secours [1] et
la répugnance, pour ne pas dire l'opposition, que l'on
rencontre pour tout ce qui peut, en fait de progrès, con-

1. Cette infériorité, réelle ou non, qui existait le 16 décembre 1879, se trouve transformée, dans la séance du 24 avril 1880,
dont la note R donne un extrait, c'est-à-dire quatre mois après,
en « matériel qui doit rassurer la population ». (*Sic*). — Il va
sans dire que c'était toujours le même matériel : avec une
pompe à vapeur *en moins*, cependant.

trarier la routine et les habitudes prises ? » (*Rapport fait au nom de la commission du budget*, séance du 16 décembre 1879, p. 13.)

« Ce corps (les Sapeurs-pompiers), dont les chefs sont hostiles à tout progrès qui ne vient pas d'eux... » (Leneveux, *Paris Municipal*, p. 24.)

« Le rapporteur de la 7e Commission donne lecture d'un rapport sur une pétition de M. Weygand, demandant que la ville de Paris adopte l'extincteur d'incendies système Mata-Fuegos. Les résultats fournis par cet extincteur dans les expériences qui ont eu lieu devant la commission d'études du ministère de la marine et devant la 7e Commission du Conseil municipal sont *complets et entièrement probants*. La Commission propose, en conséquence, d'inviter le Préfet de police à présenter au Conseil des propositions à l'effet d'en pourvoir tout ou partie des postes de pompiers et de police, tout en faisant réserve des objections techniques ou des inconvénients bien démontrés qui pourraient être opposés à l'introduction de cet extincteur permi les engins mis à la disposition du corps des pompiers. » (Séance du 8 août 1879, p. 332.)

EXPÉRIENCE PUBLIQUE DU 4 JUIN 1879

« I. *Première expérience.* — Simulacre d'une chambre faite en bois, fortement arrosée de goudron et de pétrole. »

« Au moment où le feu a été attaqué, c'est-à-dire 1′ après l'incendie, le feu, qui n'avait pas eu le temps de gagner les planches, a été éteint en 6″ au moyen de l'appareil n° 1.

« *Deuxième expérience.* — Les planches ont été attaquées, mais à peine ; le feu a été éteint à l'aide du même appareil en 12″.

« II. *Expérience unique.* — Une pyramide de 60 tonneaux à pétrole enduits de goudron, fortement arrosés de pétrole et remplis de copeaux imbibés de pétrole.

« Après 3′ d'incendie, le feu a été éteint en 40″ par un seul homme, au moyen de l'appareil portatif n° 3. Cette fois aussi, le liquide extincteur n'a agi que sur le goudron et le pétrole, le feu n'ayant pas eu le temps de gagner les tonneaux, qui n'ont pas non plus été remplis de copeaux, etc., etc.

« Un incident a clos la séance. Un appareil dont le manomètre a instantanément monté à 30 atmosphères a éclaté, renversé et inondé les spectateurs, parmi lesquels se trouvaient MM. le sénateur Oudet, maire de Besançon, Caubet, chef de la police municipale, etc., etc.

« *Sous-lieutenant* KUHN. »

EXPÉRIENCE PARTICULIÈRE DE JANVIER 1879

« J'ai été informé officieusement par M. Duren, ingénieur de la raffinerie Lebaudy, qu'il devait faire, dans une cour de l'usine, des expériences sur un appareil extincteur dit « Mata-Fuegos », proposé par l'inventeur à M. Lebaudy ; il me priait d'y assister.

« L'expérience se fit dans les conditions suivantes : un bûcher d'environ 1 m. 50 de largeur sur 4 à 5 mètres de longueur et 3 mètres de hauteur était formé, dans la cour de l'usine, avec de vieux bois de charpente, des madriers, etc., le tout imprégné de goudron (4 ou 5 litres seulement) plus 3 kilogrammes de résine.

« L'inventeur disposait d'un grand appareil et de deux petits.

« 7 ou 8′ après que le feu eut été mis, la flamme enveloppant complètement le bûcher, l'inventeur voulut commencer l'extinction ; mais M. Duren s'y opposa et voulut fixer lui-même le moment où cette opération commencerait. Il donna le signal dès que les grosses

pièces de charpente furent sérieusement attaquées par
le feu (25 ou 30′ après la mise du feu).

« L'inventeur fit alors de vains efforts pour l'éteindre ;
là où portait le jet, le bois noircissait ; mais, dès qu'il
avançait, le feu reprenait derrière lui. Après avoir employé deux charges du grand appareil sans avoir obtenu
l'extinction, l'inventeur voulut faire étendre les bois
incendiés au moyen de crocs fixés à des perches ;
M. Duren s'y opposa, en faisant observer que dans un
bâtiment incendié cela ne serait pas possible.

« L'inventeur fit une seconde tentative avec une troisième charge du grand appareil et les charges des deux
petits ; les mêmes effets se reproduisirent, et le feu
continua. Il déclara alors que dans les conditions où on
lui demandait de faire l'extinction, c'est-à-dire sans lui
permettre d'étendre les débris, il y renonçait, le jet de
son appareil n'ayant pas assez de force pour pénétrer
au centre du foyer.

« Ayant alors laissé le feu reprendre toute son intensité, M. Duren le fit éteindre complètement en quelques
minutes, au moyen d'un établissement ordinaire en
charge sur les réservoirs de l'usine.

« Capitaine DEPRUNEAUX. »

RAPPORT DU COLONEL DES SAPEURS-POMPIERS
AU PRÉFET DE POLICE

« Les postes sont composés de un caporal et presque
tous (bientôt tous) de trois hommes, dont un télégraphiste. La porte s'ouvre : « Le feu est telle rue, tel numéro. »
Le caporal et ses deux servants saisissent leurs casques,
leur pompe et la roulent au pas de course vers l'endroit indiqué. Le télégraphiste saute à sa table et
transmet le signal à la caserne ; puis il s'élance sur les
traces de ses camarades, qu'il ne rejoint le plus souvent
que sur le lieu de l'incendie. Le caporal a déjà pénétré

dans la maison, où il fait sa reconnaissance pendant que les servants disposent la pompe ; il redescend et dit au télégraphiste :

« Petit feu : je m'en charge ;

« Ou :

« Feu inquiétant : demandez du renfort ;

« Ou :

« Grand feu : prévenez la caserne et le colonel.

« Le télégraphiste reprend sa course vers son poste ; une minute après son retour dans le second cas, un départ complet de caserne est en route ; quelques minutes plus tard dans le troisième, la ou les pompes à vapeur les plus voisines avec le colonel ou le lieutenant-colonel et le capitaine ingénieur se dirigent au galop vers le sinistre.

« ..... Supposons maintenant les postes de Sapeurs-pompiers pourvus d'un extincteur. Je ferai d'abord remarquer que 99 fois sur 100 le caporal partira avec la pompe, parce que les personnes chez lesquelles le feu éclate sont tellement effrayées qu'elles le signalent presque toujours comme un grand feu, à ce point qu'il est arrivé de faire marcher une pompe à vapeur pour un feu signalé comme tel et qui était tout bonnement un feu de cheminée..... Admettons cependant que le renseignement soit exact et qu'un petit feu soit signalé au poste.

« Les extincteurs sont généralement de trois modèles, d'une capacité et d'un poids progressifs depuis environ 15 jusqu'à 40 litres et 20 jusqu'à 55 kilogrammes. Il est évident que pour un service public ce sera le n° 3 (40 litres, 55 kilogrammes) qu'il faudrait adopter, car ce n'est pas avec 15 ni même 30 litres d'un liquide quelconque que l'on peut espérer combattre victorieusement un incendie qui a eu, pour se développer, le temps que l'on a mis à venir chercher les pompiers et celui que ces derniers ont mis à se transporter sur le lieu du sinistre.

« Le caporal fait endosser par un de ses servants l'appareil et se rend avec lui à l'adresse indiquée. 55 kilogrammes ne se portent point au pas de course comme se traîne une pompe, ne se montent pas à un 4e ou 5e étage comme se hisse, avec une corde, le boyau garni de la lance. Si le théâtre de l'incendie n'est pas à proximité immédiate du poste, il est inévitable que l'extincteur arrivera plus tard que ne le ferait la pompe, et que ce retard s'accroîtra avec la distance.

« Quoi qu'il en soit, l'extincteur est en présence du feu. De deux choses l'une : il l'éteint, ou il ne l'éteint pas.

« S'il l'éteint, rien de mieux.

« Mais s'il ne l'éteint pas ???

« S'il ne l'éteint pas, voilà les deux sapeurs aux prises avec un feu qui va reprendre de plus belle, sans autre arme pour le combattre qu'un engin aussi inutile désormais que le serait un fusil entre les mains d'un soldat dépourvu de cartouches et face à face avec l'ennemi ; les voilà obligés de descendre quatre à quatre les escaliers pour courir à leur poste y prendre et ramener leur pompe, qui cette fois, *arrive trop tard et quand l'incendie a eu le temps de se développer*, ce qui n'est jamais arrivé, que je sache, avec mon régiment, ce que M. le rapporteur de la 7e Commission voudrait à bon droit éviter, et ce qui deviendrait pour ainsi dire la règle avec la modification qu'il propose.

« *Colonel* Paris.

« 1er septembre 1879. »

Il y a 115 postes de Sapeurs-pompiers et 80 postes de police : en tout 195 postes à 180 francs par appareil (sans compter les charges), soit 31 500 francs pour relever « l'infériorité du matériel de secours », par les appareils et les procédés sus-mentionnés.

Il ne paraît vraiment pas que l'on ait encore trouvé cette fois le moyen de suppléer à l'incapacité professionnelle d'un état-major chez lequel « l'influence du militaire finit par écraser celle de l'ingénieur » (l. c., p. 13).

NOTE I.

PAGE 156. — Ces besoins étaient-ils ignorés jusqu'à ce jour ! Il s'en faut bien ! Nous ne faisons que reproduire, à quelques modifications près, les demandes sans cesse faites par nos prédécesseurs, *déjà approuvées par le Conseil muncipal* ; et notre seul mérite, si tant est que c'en soit un, est d'avoir pu, en multipliant les expériences, leur donner une formule mathématique. Si l'on se reporte en effet aux remarquables rapports sur le budget des Sapeurs-pompiers de 1876 et de 1877, on y lit :

12 *décembre* 1876, *p.* 6. — « Il est une autre question, Messieurs, qui est intimement liée à celle de l'amélioration des secours contre l'incendie : c'est la question de la distribution des eaux dans Paris. *Tous les engins les plus perfectionnés sont en effet d'une parfaite inutilité, si l'on n'a pas conjointement à sa disposition la quantité d'eau nécessaire à leur bon fonctionnement.* Sous ce rapport il y a beaucoup à faire. Des quartiers entiers qui sont précisément ceux où les chances d'incendie sont les plus nombreuses sont presque complètement dépourvus d'eau. Nous ne saurions trop insister sur ce point, qui paralyse tout progrès en matière de secours contre l'incendie. Il est absolument nécessaire que des bouches d'eau correspondant exactement au calibre des pompes à vapeur soient disséminées à profusion dans la ville. Nous savons que 345 [1] de ces bouches ont été faites... »

20 *novembre* 1877. — « Déjà, l'année dernière, je vous avais signalé l'insuffisance très regrettable du nombre des bouches d'eau pour les incendies, surtout dans les quartiers excentriques, qui sont précisément

1. Dont *321* municipales et 24 particulières.

ceux où les chances d'incendies sont les plus nombreuses.

« Depuis une année, cet état de choses ne s'est guère
modifié ; on comptait l'année dernière 345 bouches à
incendie ; cette année, il y en a 365 [1], soit 20 bouches
nouvelles.

« C'est une amélioration insignifiante. »

Voilà ce qui existait et se disait en 1876, en 1877. Au
1er janvier 1880, combien y avait-il de bouches municipales ?

Toujours *321*. — Ce n'est qu'en février dernier qu'on
a commencé à en faire de nouvelles ; il y en avait, au
1er juillet, 764 à la ville.

12 *décembre* 1876. — « Si l'on considère l'étendue de
la ville de Paris, trois pompes à vapeur ne sont pas suffisantes ; nous savons que deux autres pompes qui se
trouvent actuellement aux Arts-et-Métiers vont être
prochainement mises à la disposition du corps de pompiers, ce qui portera à 5 le nombre total de ces pompes
et constituera une amélioration ; il serait néanmoins
désirable que leur nombre fût augmenté, afin d'arriver
à leur répartition dans Paris, conformément aux indications fournies par l'expérience sur les chances plus
ou moins grandes d'incendie. *D'après les hommes compétents, huit pompes à vapeur seraient suffisantes pour
assurer de puissants moyens d'action sur tous les points
de la ville.* »

Donc :

En 1876, 3 pompes, et nécessité reconnue d'en avoir 8 ;

En 1877, 5 pompes ;

En 1878, 6 pompes ;

En 1879, 5 pompes ;

En 1880, 4 pompes. Pourquoi ?

« Le Conseil municipal l'a déclaré : ce n'est pas 4 pompes ou 8 pompes à vapeur qu'il est prêt à fournir au ser-

1. Dont encore *321* municipales et 44 particulières.

vice de secours contre l'incendie, mais 10, mais 15, mais le nombre qui sera reconnu nécessaire, quel qu'il soit[1] ; seulement, comme on l'a induit en erreur, en présence des fluctuations de l'opinion et de l'incertitude des avis de ceux auxquels il devrait s'en rapporter, il est obligé d'étudier lui-même, d'agir prudemment, de se décider avec maturité, s'il veut, comme c'est son devoir, ne pas se prêter au gaspillage des finances de la ville. » (Rapport *fait au nom de la 7e commission,* séance du 24 avril, p. 608.)

Induit en erreur ? Il est vrai : nous ne pensons pas que cela fasse désormais doute pour personne ! D'autres le disent : nous, nous le prouvons.

Qu'appelle-t-on fluctuations d'opinion ? Est-ce de refuser des pompes à vapeur, « *qui sont d'une parfaite inutilité si l'on n'a pas conjointement à sa disposition la quantité d'eau nécessaire à leur bon fonctionnement,* » parce qu'il n'y a pas de bouches d'incendie, et d'en demander dès qu'il y en a ? Ou bien « de lutter contre les résistances du service d'incendie au sujet de l'emploi des pompes à vapeur » (même séance, p. 606) quand il n'a pas d'eau à mettre dedans, et de ne pas lui en donner quand l'eau arrive ?

Qu'appelle-t-on gaspillage des finances de la Ville ? Est-ce de dépenser, non pas plusieurs (p. 608), mais une centaine de mille francs pour des engins dont la nécessité a été proclamée depuis quatre ans par le Conseil municipal ? ou de dépenser 35 000 francs pour l'achat d'appareils qui éclatent, mais n'éteignent pas ?

Obligé d'étudier ? Il le faut bien, hélas ! quand on est

---

1. Le Conseil n'a jamais rien déclaré de pareil ; le Conseil, dont nous venons de transcrire *textuellement* le procès-verbal de séance, a déclaré en 1876 que : « *d'après les hommes compétents il fallait huit pompes à vapeur* » ; nous les avons demandées dès que nous avons vu que nous allions avoir de l'eau à y mettre (24 juin 1879) ; nous avons cette eau en partie du moins, mais de pompes pour l'utiliser, point.

affligé d'un état-major « chez lequel l'influence du militaire écrase celle de l'ingénieur ». Mais il nous semble que l'on prend là une peine bien inutile, que ce travail était déjà fait, et de main de maître. Nous ne sommes pas en effet seul à trouver qu'il n'y a rien de plus vrai, de plus patriotique et, malheureusement aussi , de plus prophétique que ces paroles de la commission de 1877 disant , après avoir démontré d'une façon saisissante, d'abord la nécessité de bouches d'incendie, puis celle de pompes à vapeur et, concurremment, d'avertisseurs télégraphiques :

« Toutes ces améliorations, que nous signalons comme urgentes, nécessiteront évidemment une augmentation dans les dépenses; mais nous pensons qu'on ne saurait employer de l'argent plus utilement. Un incendie est en effet chose grave et peut avoir des conséquences qui ne frappent pas au premier abord, mais qui sont en réalité nuisibles aux intérêts de la ville de Paris. Le feu détruit d'abord sans retour une valeur immédiate, et cette perte ne profite à personne : c'est une perte sèche au point de vue national. Si le feu a détruit une grande usine ou un grand atelier, le travail est interrompu pour un temps qui peut être considérable; 200, 300 ou 500 ouvriers restent sans ouvrage et, par la misère qui survient, retombent en partie à la charge de l'assistance publique. Pendant la suspension du travail, les matières premières soumises à l'octroi n'entrent plus dans Paris.

« Enfin l'incendie expose la vie humaine, qui est elle-même un capital dont nous devons nous montrer avares, tant au point de vue économique qu'au point de vue humanitaire.

« L'argent consacré à combattre le fléau du feu est donc de l'argent bien placé. »

Ne semble-t-il pas qu'en parlant ainsi la Commission de 1877 voyait, par les yeux de la pensée, flamber devant elle les ateliers du Vieux-Chêne, de la rue Emeriau, les messageries de la rue de Chabrol et la Lorraine, sur le pavé leurs ouvriers, pour lesquels on a été obligé de faire une collecte, et dégageait à l'avance de toute responsabilité dans ces désastres, que l'adoption des mesures dont elle démontrait l'impérieuse nécessité, et dont l'une reçoit seulement au bout de trois ans un commencement d'exécution, aurait permis d'éviter presque complètement, le régiment qui avait tout fait pour les prévenir par ses études et ses propositions, comme il a tout fait pour les limiter par son dévoûment ?

NOTE J.

PAGE 161. — Dans sa séance du 4 mai dernier, le Conseil a approuvé les conclusions de la 5ᵉ Commission tendant à refuser un crédit demandé par l'administration pour l'établissement de sonneries électriques entre les différentes chambres de la caserne et le poste, « parce que dans une caserne le meilleur mode d'appel est le clairon. »

Nous pensons qu'on devra revenir sur cette décision, qui n'est pas heureuse et qu'on se fût évité de prendre si l'on nous eût consultés. On nous fait peu d'honneur en supposant que nous utilisons les sonneries pour les rassemblements, réunions, etc., militaires. Mais, s'il serait ridicule d'agir ainsi, il ne nous paraît pas moins inutile et inhumain de réveiller au son du clairon 75 sapeurs quand on n'en a besoin que de 30 (1ᵉʳ départ) ou 55 (deux départs), et surtout les voisins de certaines casernes qui, comme Sévigné, Château-d'Eau, etc., marchent souvent trois et quatre fois au feu dans la même nuit d'hiver.

NOTE K.

PAGE 169. — Un lieutenant qui vient de quitter le régiment comme capitaine y servait depuis vingt-sept ans : en 1883, il sera retraité pour trente années de service par le ministre de la guerre ; il en sera de même dans cinq ans pour un de nos officiers supérieurs, qui aura passé vingt-cinq ans aux Sapeurs-pompiers. Chaque année, cinq, six sous-officiers ou plus sont admis à la pension de retraite, et toujours sur le budget de l'État. Or c'est le budget de la Ville qui paye les retraites de tous les employés des préfectures de la Seine et de police, et qui serait obligé de payer celle des Sapeurs-pompiers s'ils n'appartenaient plus à l'armée.

L'État paye ainsi annuellement pour les retraites de cinquante officiers et un nombre bientôt supérieur de sous-officiers qui, les uns et les autres, ne figureraient pas dans les cadres de l'armée si le régiment n'était pas militaire, leurs campagnes, décorations, etc., une somme d'environ 200 000 francs.

Il n'est donc pas exact de dire que l'entretien du régiment de Sapeurs-pompiers est à la charge exclusive de la ville de Paris. Cependant cette part contributive de l'État dans le système qui assure la sécurité de la Ville n'est pas la seule, ni même la plus importante. Il en est une autre que les théoriciens choqués de la dépendance où nous sommes de l'autorité militaire pour tout ce qui n'est pas notre service technique ont méconnue ou laissée de côté et qu'il importe de faire ressortir.

Supposons que le contingent d'une classe soit de 150 000 hommes, dont 100 500 sont affectés à l'infanterie. Le ministre de la guerre met de côté 500 hommes qui doivent être dirigés sur le régiment de Sapeurs-pompiers et payés par la ville de Paris ; puis son budget d'un côté, les 100 000 conscrits de l'autre, il détermine le nombre de ces derniers qui doivent faire cinq ans et celui des hommes qui n'en doivent faire qu'un : soit 70 000 h. pour la première portion et 30 000 pour la seconde,

Mais admettons que ce régiment ne soit pas militaire, et que ses hommes appartiennent à la réserve de l'armée active ou à l'armée territoriale. Le ministre a toujours le même budget; mais ce n'est plus 100 000 , c'est 100 500 fantassins qu'il doit entretenir et payer. Il va donc être contraint non seulement de placer ces 500 hommes dans la deuxième portion, mais encore de diminuer sa première d'un nombre équivalent d'hommes pour regagner, sur la différence d'allocations aux deux catégories, la dépense qui résulte pour lui de cette augmentation d'effectif.

Voilà donc chaque année 1000 hommes environ de tous les points de la France qui sont astreints à faire cinq ans de service au lieu d'un pour que la ville de Paris jouisse de cette sécurité incomparable que l'on sait et que la statistique finale formulera en chiffres. On augmentera le budget en conséquence, dira-t-on? Impossible, puisqu'il a pour base les effectifs de paix déterminés par la loi du 13 mars 1875. Quel est l'homme de bonne foi qui ne reconnaîtra que ce ne peut être à Paris ville, mais à Paris capitale que ce privilège énorme est accordé? que dès lors le service d'incendie de Paris est un service d'État tout autant qu'un service municipal, service dans lequel l'État fournit en écremant son infanterie des hommes jeunes, vigoureux, intelligents, à *l'épreuve des grèves*, tous ouvriers en bâtiment et sachant lire et écrire, des distinctions honorifiques et payées, des retraites aux vieux serviteurs, pour que ses établissements nationaux, ses ministères, son Parlement soient à l'abri du feu; et la Ville le matériel et une solde journalière très libérale, mais trois ou quatre fois moindre que celle qu'elle serait obligée de donner à des hommes gagnant 7 et 8 francs par jour à Paris et jouissant de leur indépendance, pour que tous ses citoyens puissent participer à la sécurité exceptionnelle assurée par ce corps d'élite?

S'il en était autrement, nous ferons observer qu'une compagnie de 140 Sapeurs-pompiers de Paris et ses trois officiers coûte, pour 365 jours pleins et sans mutation,

moins de 95 000 francs, qui se réduiraient probablement
à 75 ou 80 000 en province, et qu'il n'est peut-être pas
téméraire de penser que les villes de Marseille, Lyon,
Bordeaux, etc., dont le budget dépasse 10 millions et
dans lesquelles le chiffre des dégâts par le feu s'élève,
proportionnellement à la population, plus qu'au qua-
druple du même chiffre à Paris, n'hésiteraient pas à ins-
crire à ce budget 160 000 francs par an pour substituer
deux compagnies pareilles aux nôtres, si la loi et le ministre s'y prêtaient, aux corps de pompiers civils dans
lesquels toutes les qualités morales ne sauraient remplacer la jeunesse, la discipline et l'instruction professionnelle de chaque jour.

Personne ne saurait contester que ce fut, sous l'Empire, un abus inqualifiable que l'envoi, dans les châ-
teaux impériaux, de sapeurs que payait la ville de Paris;
mais on ne saurait contester davantage au gouvernement le droit et le devoir de garder la haute main
sur l'organisation du régiment de Sapeurs-pompiers [1],
et au ministre de la guerre, chef de l'armée à laquelle
il appartient et membre de ce gouvernement, d'en disposer comme il le juge convenable sous la seule réserve
que la sécurité de la ville soit pleinement assurée.

NOTE L.

PAGE 173. — Cette combinaison n'a pas laissé que
d'être, pendant longtemps, la source de bénéfices appré-
ciables pour la Ville. A ne prendre que les dernières
années, en 1876 elle a payé au régiment 242 269 fr. 63,
reçu de lui 255 362 fr. 65, gain net : 13 093 fr. 02;
en 1877 payé 244 095 fr. 90, reçu 252 903 fr. 40, gain net :
8,807 fr. 50; en 1878 payé 255 891 fr. 44, reçu 265 064 fr. 60,
gain net : 9 173 fr. 06.

1. Rappelons qu'à New-York, dont l'administration ne saurait
être suspecte d'*autoritarisme*, les administrateurs ne peuvent
être révoqués qu'avec l'approbation du gouverneur de l'État.

Depuis l'augmentation d'effectif prescrite par le décret du 20 janvier 1878, c'est au contraire la Ville qui est en perte ; et il en sera de même jusqu'au jour où la redevance théâtrale sera de nouveau augmentée.

NOTE M.

PAGE 173. — « Le conseil municipal n'a pas augmenté la solde des officiers supérieurs du corps des pompiers, en même temps qu'il augmentait celle des officiers inférieurs, exactement pour les mêmes motifs qui ont dicté la décision de la Chambre à propos de la retenue pour les retraites. Dans cette circonstance, comme nous venons de vous l'expliquer, la Chambre a compensé l'augmentation de la retenue, pour les lieutenants et sous-lieutenants *seulement*, par une augmentation équivalente de leur solde. *Si elle n'a pas agi de même pour les officiers supérieurs, c'est qu'elle a jugé que leur situation pécuniaire ne l'exigeait pas.* » (*Rapport fait au nom de la 7ᵉ commission, séance de 8 août 1878, p. 3.)*

SOLDES	AVANT LES DÉCRETS	AU 1ᵉʳ JANVIER 1879	AUGMENTATION	DIMINUTION
Du lieutenant-colonel d'infanterie, à Paris............	7191	7686	495	»
Du lieutenant-colonel de Sapeurs-pompiers...........	8897	8640	»	257
Du chef de bataillon d'infanterie, à Paris..............	6335	6354,88	19,88	»
Du chef de bataillon de Sapeurs-pompiers...........	6828	6660	»	168
Part contributive de la ville, pour les Sapeurs-pompiers, dans le traitement du sous-intendant militaire de 1ʳᵉ classe (rang de colonel) chargé de la surveillance administrative............	1900	2067,79	167,79	»

NOTE N.

PAGE 174. — « Le corps des Sapeurs-pompiers dépend bien du Préfet de police dans une certaine mesure, parce que ce fonctionnaire a l'initiative des propositions en ce qui regarde les acquisitions de matériel, parce qu'il présente le budget du corps et donne directement des ordres pour la sûreté et les incendies. Mais le Préfet de police, pas plus que le Conseil municipal, ne contrôle les dépenses. Le budget qu'il présente au Conseil, c'est le corps qui l'établit lui-même ; c'est l'intendant militaire qui le remanie et l'arrête ; c'est du bureau du ministère de la guerre qu'il arrive au Préfet de police comme une simple carte à payer, et le Préfet de police, pas plus que le Conseil, n'est à même de vérifier l'addition, que le Préfet de la Seine a la seule tâche d'ordonnancer.

« Voilà, en réalité, la situation. » (*Rapport fait au nom de la Commission du budget*, séance du 16 déc. 1879.)

1º De sa vie, le budget des Sapeurs-pompiers n'a paru au ministère de la guerre, et nulle équation ne saurait se comparer à celle qu'il faudrait résoudre pour savoir ce qu'il irait y faire ;

2º Le colonel des Sapeurs-pompiers établit son budget, comme les directeurs des autres services de la Ville établissent le leur, parce que lui, comme eux, sait mieux que personne ce dont il a besoin : ce qui n'implique, ni pour eux ni pour lui, une acceptation automatique des chefs auxquels ils les soumettent;

3º Avant d'être soumis au Préfet de police, le budget est adressé au sous-intendant militaire chargé de la surveillance administrative du corps, qui s'assure que les effectifs et les tarifs convenus entre la Ville et le Ministre ne sont point dépassés, que les journées et les nombres résultant de ces effectifs et tarifs pour l'année sont obtenus par des opérations régulières (plus régulières, heureusement pour le budget municipal, que celles qui font l'objet de la note P). C'est donc, ou pour mieux dire ce serait une vérification faite dans l'intérêt des finances de la Ville, si une rectification avait jamais été nécessaire ;

4° Du sous-intendant, le budget retourne chez le Préfet de police, qui fait alors, lui, acte d'autorité et de contrôle en modifiant, s'il le juge convenable, les propositions du corps. C'est ainsi que sur le budget de 1881, revenu vierge, comme d'habitude, de l'intendance, le Préfet a rétabli un crédit de 21 000 francs pour journées d'hôpital que nous avions cru devoir supprimer, parce que ce qui est payé à l'hôpital ne l'est point à la solde, et que la différence est à l'avantage de cette dernière ; supprimé un crédit de 2000 francs pour réchauffeurs, parce que les 4 pompes à vapeur auxquelles ils devaient être affectés n'ont point encore été accordées par le Conseil ; etc., etc.

Le Préfet a donc, comme il est convenable et logique qu'il l'ait, le contrôle entier, absolu et, ajouterons-nous, unique sur les dépenses du corps :

1° Pour le personnel, par l'examen des feuilles de journées et des revues de liquidation, qu'il se fait représenter quand il le juge convenable, et la transformation en mandats sur la Caisse municipale des états de solde une première fois vérifiés par le sous-intendant militaire.

2° Pour le matériel, par le : Vu, bon à payer, placé au pied de tous les bordereaux de factures d'achats faits dans la limite des crédits alloués par le Conseil, sans lequel : Vu, pas un centime n'est payé à la Caisse municipale, et par la vérification permanente du commissaire-priseur attaché à son administration.

Voilà, en réalité, la situation. On conviendra qu'elle ne ressemble pas précisément à celle qui vient d'être exposée.

NOTE O.

PAGE 175. — Nous venions d'écrire ces lignes lorsque
nous avons reçu le procès-verbal de la séance du Conseil
municipal du 1er juin. Nous y lisons, à propos du réta-
blissement d'un crédit non employé en 1879, pour dévidoirs et tuyaux de toile :

« La septième commission a pensé qu'en recourant à
l'adjudication publique il serait possible de traiter à des
conditions moins onéreuses que celles qui résultent des
évaluations du service des secours contre l'incendie.
Elle propose en conséquence, tout en votant immédiatement le crédit demandé, de décider formellement que la
fourniture du matériel à acquérir fera l'objet d'une
adjudication publique.

« Le projet de délibération présenté par la commission est adopté. »

Cette adjudication publique, qui nous est *formellement* imposée le *1er juin 1880*, a eu lieu le *10 décembre
1879*, et le premier lot de la fourniture est en ce moment soumis aux épreuves [1] !

---

1. Il importe que la population et aussi le Conseil municipal
ne puissent plus ignorer quels dangers peut faire courir à la
sécurité publique, quelles perturbations peut apporter dans un
service aussi technique, aussi spécial que le nôtre, un système
qui a pour effet de le transformer en manœuvre, auquel on
envoie autocratiquement des ordres dont on va juger le côté
pratique ; au lieu de lui laisser toute liberté d'action sous SA
RESPONSABILITÉ AUSSI ÉTROITE QU'ON LE VOUDRA (la responsabilité
n'effraye que ceux qui n'ont pas le sentiment du devoir et
l'amour de la chose publique), et le contrôle supérieur de membres du Conseil, mais de membres COMPÉTENTS, et d'une compé-
tence démontrée par leurs travaux, leurs études, leur spécialité.

Le 24 juin 1879, nous avons prié M. le Préfet de police de
vouloir bien transmettre au Conseil municipal une demande de
crédit de 70 200 francs pour construction de dévidoirs et achat

NOTE P.

PAGE 177. — « Le corps des Sapeurs-pompiers... a coûté :

« En 1878, 1 594 593 francs.

de tuyaux de toile destinés à les équiper. Jusqu'alors, nous avions acheté ces tuyaux en Suisse; nous en avons qui servent depuis dix ans et font encore le meilleur service.

Le 8 août suivant, le Conseil municipal sanctionnait le rapport de la 7ᵉ Commission accordant ce crédit, « *mais prescrivant que la fourniture des tuyaux ferait l'objet d'une adjudication publique.* »

Nous avait-on questionné au préalable? demandé où nous avions acheté ceux dont nous nous servions? pourquoi là et point ailleurs? si nous estimions qu'il y eût avantage pour la Ville à faire de telle façon ou de telle autre? etc., etc. Allons donc! Est-ce que l'on se renseigne près de gens chez lesquels « l'influence du militaire écrase celle de l'ingénieur »! On ne nous avait rien demandé, et, en matière aussi délicate que celle d'une fourniture, nous n'eûmes garde de nous permettre la moindre observation. On nous prescrivait une adjudication : nous obéîmes, comme c'était notre devoir. L'adjudication eut lieu le 10 décembre 1879, au prix de 2 fr. 60 le mètre, au lieu de 6 francs que nous l'avions payé jusqu'à ce jour. L'économie recherchée par la 7ᵉ Commission se réalisait donc, et elle était de 35 360 francs, ce qui est un chiffre.

SEULEMENT !...

Seulement, comme nous l'avions prédit en quittant la séance d'adjudication au fonctionnaire qui la présidait, et le fîmes pressentir à M. le Préfet de police dans notre dépêche du 17 janvier dernier, seulement le fournisseur qui devait se présenter le 10 juin avec 1000 mètres de tuyaux, et ensuite de deux en deux mois avec 1000 autres mètres, ne se présenta que le 16 avec 532 m. 70, sur lesquels 457 furent refusés par la commission composée du chef du matériel de la Préfecture, du capitaine-ingénieur et d'un officier du corps. Les 75,70 reçus le furent par les deux officiers, sous réserve. Nous assistions aux épreuves : nous nous abstînmes naturellement de toute manifestation pouvant influencer nos officiers ; mais nous n'hésitons pas à déclarer aujourd'hui que M. le chef du matériel avait raison et que nous aurions fait comme lui.

Depuis!... rien, si bien qu'aujourd'hui nous avons 75 mètres de toile au lieu de 3000.

Maintenant, ces renseignements qu'on ne nous a pas deman-

« Enfin pour 1879... les dépenses, tant pour solde et matériel que pour casernement, chauffage, éclairage, etc., du corps des Sapeurs-pompiers se sont élevées à la somme de 2 011 063 fr. 79. » (*Rapport fait au*

dés, nous les devons à la population, au Conseil municipal, et à la réputation du corps que nous avons l'honneur de commander.

Lorsque l'emploi des pompes à vapeur amena celui des tuyaux en toile, le corps fit appel à tous les industriels, français et étrangers : des quantités considérables de tuyaux furent éprouvés; et, après de longues et minutieuses expériences, on reconnut que les tuyaux faits à la main satisfaisaient seuls aux exigences du service. Pourquoi? C'est que la fabrication à la main permet seule de rabouter le fil qui casse ; que, dans l'état actuel de l'industrie, la fabrication à la machine n'y arrive point; de sorte que ce pore de un dixième de millimètre peut-être qui existe à l'endroit où le fil est cassé s'agrandit sous la pression énorme de l'eau refoulée, s'agrandit sans cesse, et que finalement toute l'eau s'échappe par là au lieu de jaillir par la lance. Or la fabrication à la main n'existe pas en France; c'est en Suisse que la main-d'œuvre est la moins chère; nous les prenions donc en Suisse, et avec le transport et la douane ils nous revenaient à six francs rendus à Paris.

C'est sans contredit un prix élevé; mais on n'a jamais considéré un article qui coûte cinq francs et dure huit jours ou moins comme plus économique que celui que l'on paye vingt francs et qui dure un an.

Si la 7e Commission nous eût honoré d'un peu de cette confiance que ne nous ont jamais marchandée ses aînées, sans avoir, que nous sachions, à s'en repentir, nous aurions eu au mois de septembre 2000 mètres de tuyaux armant cinq dévidoirs de petits postes et sept de casernes. Ces dévidoirs eussent été nécessairement placés dans les quartiers les plus bas pour utiliser toute la pression de l'eau, c'est-à-dire à Sévigné, J.-J. Rousseau, etc. Cette dernière caserne, étant arrivée le 12 octobre à 10 h. 16′ au pavillon de Flore, aurait eu ses deux dévidoirs branchés sur les deux bouches de 100 millimètres situées à 50 et 90 mètres du sinistre, et ayant une pression de 4 atmosphères 50, à 10 h. 18′; et leurs 4 lances auraient projeté 1600 litres d'eau à la minute (voir p. 44) sur le foyer *trente-huit minutes* avant que la pompe à vapeur entre en action. Le feu n'aurait pas dépassé les deux premières chambres.

nom de la commission du budget, séance du 16 décembre 1879, p. 5.)

« Enfin, tant pour le matériel que pour le personnel, le Conseil municipal en est arrivé à allouer plus de 2 millions par an pour le service des secours contre l'incendie. » (Séance du Conseil municipal du 24 avril 1880, p. 609.)

Ces chiffres, reproduits le 24 avril 1880, après que nous les avions rectifiés avec explications et pièces à l'appui le 20 janvier précédent, ne sont obtenus qu'en majorant respectivement de 374 927 fr. 45 ou un tiers, et de 427 953 fr. 69 ou de plus du quart, le chiffre des dépenses en 1878 pour le personnel, chiffre qui est de 1 175 311 fr. 65, celui des dépenses totales pour 1879, arrêté, comme on l'a vu, à la somme de 1 583 110 fr. 10, et qui peuvent l'un et l'autre être vérifiés par chacun à la Caisse municipale et au bureau de la comptabilité de la préfecture de police.

Les chiffres des dépenses du personnel pour 1872, 1875 et 1877 (*l. c.*) sont majorés dans la même proportion.

Le public qui sur le Pont-Royal et le quai des Tuileries disait, les journaux qui répétaient le lendemain : « Nos pompiers sont splendides, merveilleux de courage et de dévouement: mais ils sont toujours en retard pour combattre un grand feu, » ce public et ces journaux sont-ils édifiés sur les causes de ces retards? Se font-ils une juste idée de ce qu'ils peuvent attendre de ces mêmes Sapeurs lorsqu'on leur aura donné ce que possèdent les villes étrangères de 3ᵉ ordre, les moyens de savoir vite, d'arriver vite, d'agir vite, avec d'autres engins pour les grands incendies que ceux qui leur servent pour les feux de cabinet ou de cheminée? et pensent-ils maintenant que nous avons exagéré lorsque nous avons dit (p. 81) que : « lorsque Paris l'aura voulu, un grand sinistre y sera un événement aussi rare que le choléra? »

(Note ajoutée pendant l'impression.)

NOTE R.

PAGE 182. — Chiffre arrêté en 1880 par une commission présidée par un ingénieur des mines et dont l'un des membres était le commissaire-priseur attaché à la préfecture de police.

« Il suffit de rappeler que le matériel d'incendie qui assure la sécurité de la population n'est pas évalué à moins de 400 000 francs. » (Séance du 24 avril 1880, p. 609.)

Nous pourrions ajouter d'autres observations, d'autres rectifications : elles ne convaincraient pas davantage ceux qui ne veulent point être convaincus, et nous en avons assez dit, nous l'espérons du moins, pour faire la lumière dans tous les esprits de bonne foi. Nous ne nous étions pas imposé d'autre tâche.

Sur plus d'un point, nous avons eu le regret de nous trouver en désaccord avec les décisions prises par le Conseil municipal : on en a vu la cause probable, qui est à notre avis l'absence de communications directes entre lui et nous. Chef d'un corps soldé par la Ville de Paris, nous n'avions garde d'oublier la déférence que cette situation nous impose pour son Conseil élu ; mais nous sommes de ceux qui n'ont point eu à modifier leurs principes le jour où ils sont devenus citoyens d'un pays libre, et nous avons toujours estimé que la véritable déférence pour un pouvoir, doit consister dans une respectueuse sincérité. Si, ce qu'à Dieu ne plaise, quelqu'une de ces vérités qu'il n'est pas toujours habitué à entendre, avait éveillé les susceptibilités du Conseil, nous avons le ferme espoir que cette première impression s'effacera vite lorsqu'il aura constaté l'affection profonde et désintéressée pour la Ville de Paris, qui a dicté cette étude, la loyauté de notre discussion, et qu'il se sera rappelé ce mot de Tacite :

Inimicorum pessimum genus laudantes!

FIN

TABLE DES MATIÈRES.

Avant-Propos 1

Les « Fire-Men » Américains 7
  New-York 7
  Boston 34
  Saint-Louis 41
  Chicago 44
  Philadelphie 49
  San Francisco 51
  Baltimore 59

Les Sapeurs-Pompiers de Paris 65
  Organisation 65
  Personnel 66
  Matériel. — Pompes à bras 71
         Pompes à soufflet 74
         Pompes à vapeur 75
         Extincteurs 103
         Dévidoirs à bras 104
         Echelles 107
         Bateau à vapeur 116
         Attelages 117
         Télégraphie 119
         Eaux 129
  Casernement 156
  Réglementation municipale préventive 165
  Surveillance 166
  Traitements 169
  Budget 174
  Statistique 177
  Statistique comparative 181
  Assurances 183

Appendice 189

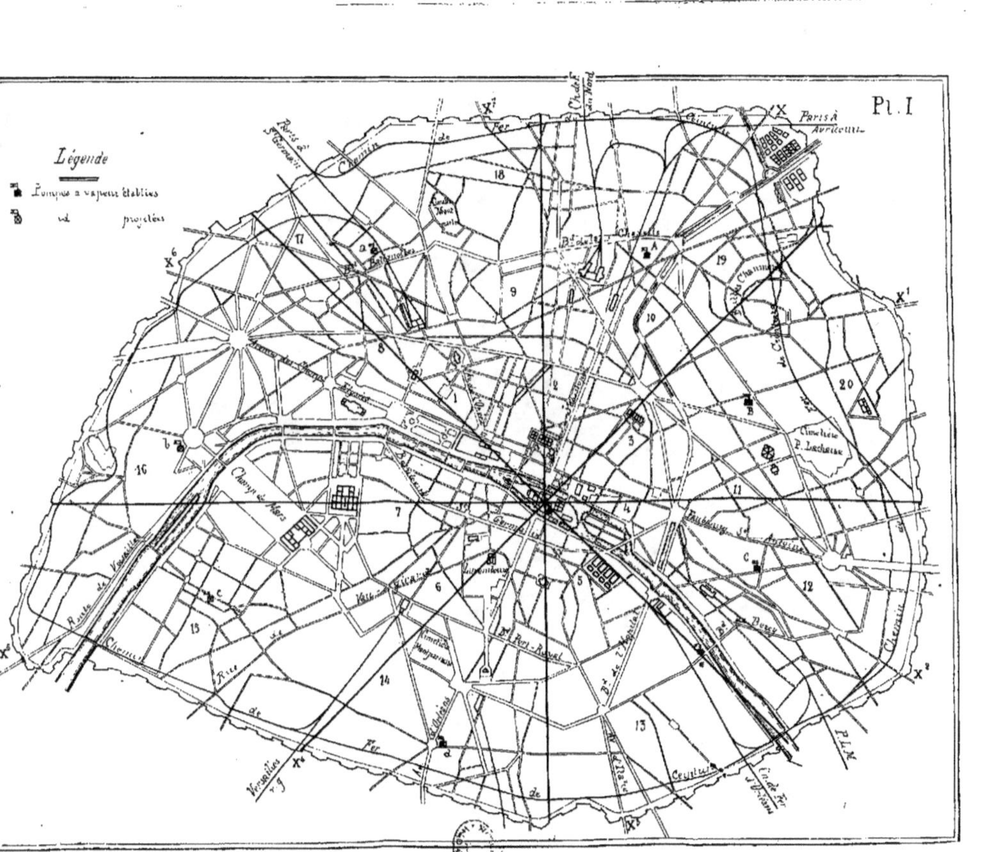

Légende
Pompes a vapeur établies
id   projetés
Pl. I
Plan de défense de Paris avec les Pompes à vapeur. — Échelle, 1/64070.

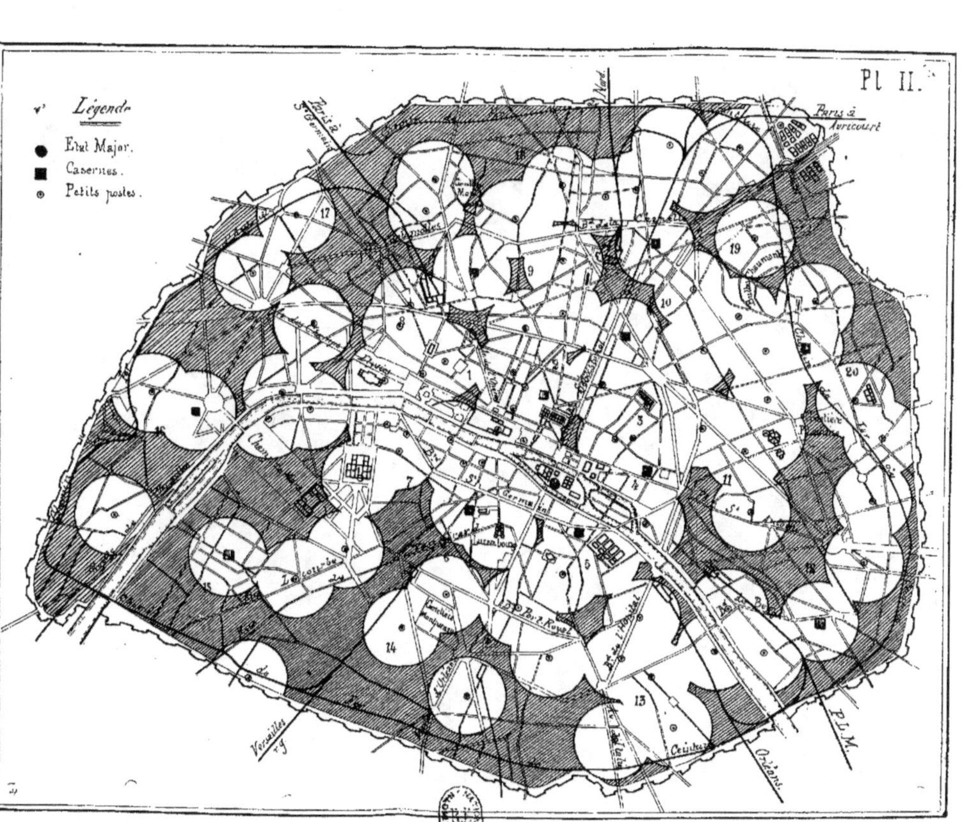

LE FEU A PARIS. — Les parties teintées sont celles qui sont incomplètement protégées aujourd'hui. — Échelle, 1/64070.

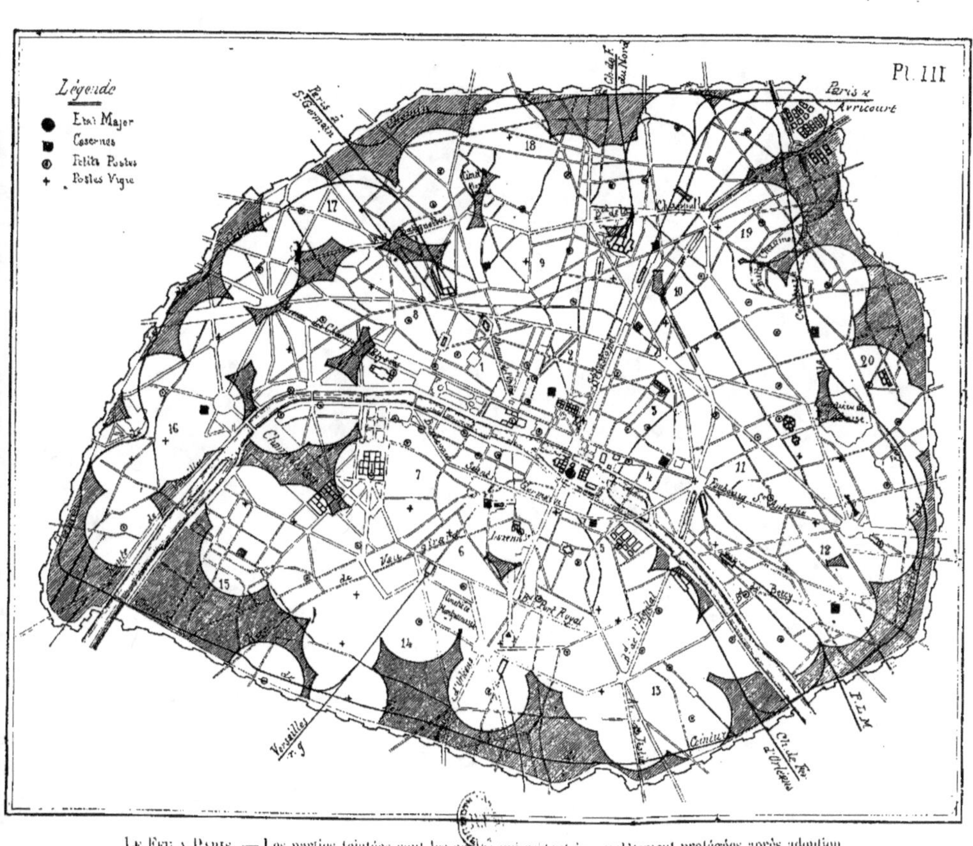

LE FEU A PARIS. — Les parties teintées sont les seules qui restent incomplètement protégées après adoption
du projet des sapeurs-pompiers. — Échelle, 1/64070.

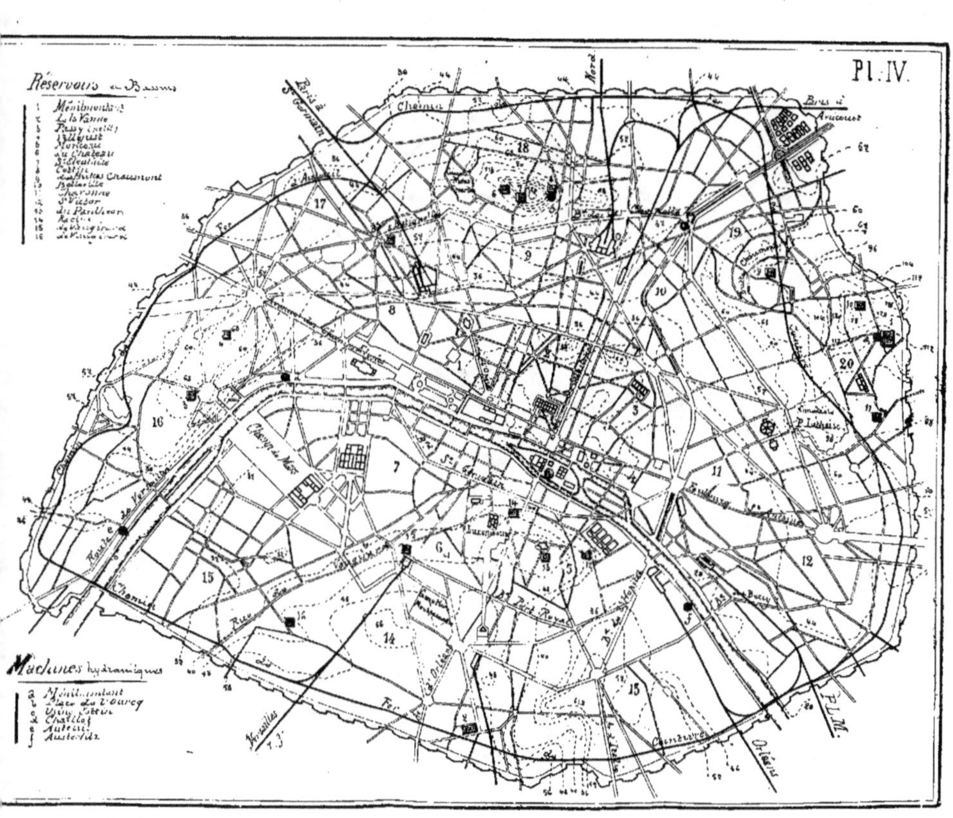

Emplacement des réservoirs d'eau et des machines hydrauliques existant à Paris. — Échelle, 1/64070.

BIBLIOTHÈQUE UTILE

*Volumes in-32 de 190 pages; brochés 60 centimes
cartonnés à l'anglaise, 1 fr.*

I. — HISTOIRE DE FRANCE.

Buchez. Les Mérovingiens.
Buchez. Les Carlovingiens.
J. Bastide. Luttes religieuses des premiers siècles.
J. Bastide. Les Guerres de la Réforme.
F. Morin. La France au moyen âge.
Fréd. Lock. Jeanne d'Arc.
Eug. Pelletan. Décadence de la monarchie française.
Carnot. La Révolution française, 2 vol.
Lock. Hist. de la Restauration.
Edg. Zevort. Histoire de Louis-Philippe.
Alf. Donneaud. Histoire de la marine française.
P. Gaffarel. La Défense nationale en 1792.
Jules Barni. Napoléon 1er.

II. — PAYS ÉTRANGERS.

E. Raymond. L'Espagne et le Portugal.
L. Collas. Histoire de l'empire ottoman.
L. Combes. La Grèce ancienne.
A. Ott. L'Asie occidentale et l'Egypte.
A. Ott. L'Inde et la Chine.
Ch. Rolland. Histoire de la maison d'Autriche.
Eug. Despois. Les Révolutions d'Angleterre.
H. Blerzy. Les Colonies anglaises.
P. Bondois. Histoire contemporaine de l'Europe.

III. — PHILOSOPHIE.

Enfantin. La Vie éternelle.
Eug. Noël. Voltaire et Rousseau.
Léon Brothier. Histoire populaire de la philosophie.
Victor Meunier. La Philosophie zoologique.
Zaborowski. L'origine du langage.
F. Paulhan. La Physiologie de l'esprit.

IV. — DROIT.

Morin. La Loi civile en France.
G. Jourdan. La Justice criminelle en France.

V. — SCIENCES.

Benj. Gastineau. Le Génie de la science.
Zurcher et Margollé. Télescope et Microscope.
Zurcher et Margollé. Les Phénomènes célestes.
Zurcher. Les Phénomènes de l'atmosphère.
Morand. Introduction à l'étude des sciences physiques.
Cruveilher. Hygiène générale.
Brothier. Causerie sur la mécanique.
Brothier. Histoire de la terre.
Sanson. Principaux Faits de la chimie.
Turck. Médecine populaire.
Catalan. Notions d'astronomie.
E. Margollé. Les Phénomènes de la mer.
Ch. Richard. Origines et Fins des mondes.
H. Blerzy. Torrents, Fleuves et Canaux de la France.
P. Secchi, Wolf et Briot. Le Soleil et les Etoiles.
Em. Ferrière. Le Darwinisme.
Boillot. La pluralité des mondes.
A. Lévy. Histoire de l'air.
Geikie. Géographie physique.
Geikie. Notions de Géologie.
Zaborowski. L'Homme préhistorique.
Zaborowski. Migrations des animaux.
Girard de Rialle. Les peuples de l'Afrique et de l'Amérique.
Huxley. Premières notions sur les sciences.

VI. — ENSEIGNEMENT. — ÉCONOMIE POLITIQUE. — ARTS.

Corbon. L'Enseignement professionnel.
Cristal. Les Délassements du travail.
Leneveux. Le Budget du foyer.
Leneveux. Paris municipal.
Laurent Pichat. L'Art et les Artistes en France.
Stanley Jevons. L'Economie politique, traduit de l'anglais.
J. Bertillon. La Statistique humaine de la France.
Herbert Spencer. De l'Éducation.

Coulommiers. — Typographie PAUL BRODARD.